仙人掌遇上雪花

THE CACTUS AND SNOWFLAKE AT WORK

[美] 德沃拉·扎克 著
Devora Zack

王宁远 译

中国出版集团
中译出版社

图书在版编目（CIP）数据

雪花遇上仙人掌：如何应对高难度沟通 /（美）德沃拉·扎克著；王宁远译. -- 北京：中译出版社，2022.12

书名原文: The Cactus and Snowflake at Work HOW THE LOGICAL AND SENSITIVE CAN THRIVE SIDE BY SIDE

ISBN 978-7-5001-7220-8

Ⅰ.①雪… Ⅱ.①德… ②王… Ⅲ.①人际关系学 - 通俗读物 Ⅳ.①C912.11-49

中国版本图书馆CIP数据核字(2022)第200188号

The Cactus and Snowflake at Work
Copyright © 2021 by Devora Zack
Copyright licensed by Berrett-Koehler Publishers
arranged with Andrew Nurnberg Associates International Limited
The simplified Chinese translation copyrights© 2022 by China Traslation and Publishing House
ALL RIGHTS RESERVED

著作权合同登记号 图字：010-2022-4576

雪花遇上仙人掌：如何应对高难度沟通
XUEHUA YÜSHANG XIANRENZHANG: RUHE YINGDUI GAONANDU GOUTONG

出版发行：	中译出版社
地　　址：	北京市西城区新街口外大街28号普天德胜大厦主楼4层
电　　话：	（010）68359101　（010）68359287
邮　　编：	100088
电子邮箱：	book@ctph.com.cn
网　　址：	http://www.ctph.com.cn
责任编辑：	吴　第
封面设计：	柒拾叁号
排　　版：	北京杰瑞腾达科技发展有限公司
印　　刷：	北京中科印刷有限公司
经　　销：	新华书店
规　　格：	850mm×1168mm　1/32
印　　张：	7
字　　数：	64千字
版　　次：	2022年12月第1版
印　　次：	2022年12月第1次

ISBN 978-7-5001-7220-8　　　定价：45.00元

版权所有　侵权必究
中 译 出 版 社

献给

伊凡

> 你走进树林,看到很多树木,它们的形态各不相同。有些直曲各异,有些四季常青,还有些姿态随意。你看着这些树,知道它们天生如此。你明白它们长成不同的形状是有原因的,比如这棵树的弯曲,是因为一侧光照更多。你不会觉得有什么不对,而是接受、欣赏。
>
> 可一旦和人打交道,你就变了。你总会说,这人怎么这样?怎么那样?一些偏见开始影响你的判断。
>
> 因此,我试着把人也看作树木。也就是说,去欣赏每个人本来的样子。

——拉姆·达斯

前言 / PREFACE

一本想和你分享的书

嗨,很高兴你打开了这本小书。别紧张,放轻松。

是什么让你翻开这本书——担心自己不合群?和别人话不投机?太敏感了所以总是情绪内耗?觉得自己容易吃亏?也可能你正在和一个很自我的人打交道。对方不经意的一句话就能让你抓狂。

我懂。这些都没关系,让我来帮你应对这些高难度沟通。

世界上有些人好像拥有"超级人生"。他们永远精神饱满、顺风顺水,从容应对着大事小情,有条不紊地应对人生每一面。

而我们呢?太情绪化,微不足道的小事就能影响我们的情绪和心情。"我这是怎么了?"我们这样诘问自己,然后怀疑自己,气自己,羡慕那些天生性子强的幸运儿。可是坚强的外表并不一定就是完美的。毕竟我们讨论的是人,不是香肠三明治外层的吐司片。

拨开迷雾

十几年前，我就开始努力澄清人们对内向和外向的错误认识。你相信吗？那时真的有人认为外向的人更善于社交。当时的我们及时指出了问题所在，而现在，我们会对性格的问题进行更多的探讨。

需要讨论的问题有很多。在本书中，我们要探讨"感觉者"和"思考者"这两种不同的典型性格，也就是后文中的"雪花"和"仙人掌"。

别紧张，我会陪伴你一步步了解。

也许你还不太清楚什么是性格。请读一读下面这段精简介绍：

"人心不同，各如其面"，每一个人都拥有独特的倾向，这种倾向让每个人都有不同的思维方式和行事逻辑。了解不同的性格倾向，能帮助我们理解更多行为背后的原因，变得更加包容，将自己的舒适圈进一步扩大。

这本书里，我们准备了许多创意实用的妙招、工具和小测验帮助你探索性格。因为对你来说，最理想的起点就是先进行深入的自我认识，再去扩展到身边的世界。

认识自己、接纳自己，这件事似乎难以捉摸，实际上引人入胜。

目录
CONTENTS

引　言　打下基础 / **001**
　　　　跳出圈子 / 001
　　　　长话短说 / 003

第 1 章　跨越性格鸿沟　自测与解析 / **007**
　　　　偏好程度 / 009
　　　　了解自己 / 011

第 2 章　建立概念　偏见与动因 / **023**
　　　　典型特征 / 025
　　　　行为动机 / 033
　　　　亮点和劣势 / 039

第 3 章　尊重 / **043**
　　　　相对论 / 044
　　　　铂金法则 / 047

管好自己 / 055

第 4 章　零事件 / 059

零事件 / 061

进入元状态 / 063

对话还是冲突 / 069

内化和投射 / 076

豆子黏鼻子 / 077

第 5 章　思维　语言　行动　你能掌握的三件事 / 081

思维 / 083

语言 / 089

行为 / 097

第 6 章　艰难时刻　阴影下的自己和他人的性格 / 107

掉线 / 109

"翻车" / 111

阴暗面 / 115

阴影中的他人 / 120

一句忠告 / 127

第 7 章　两种领导者　强化你的领导力 / 129

领导风格 / 131

目 录

感觉好 & 表现好 / 137

改进空间 / 140

第 8 章　内向者与外向者　与雪花 & 仙人掌的组合 / 153

放宽视野 / 154

你与视频会议 / 164

酸甜苦辣 / 166

共同点 / 169

第 9 章　工作之外　走进日常生活 / 171

业余生活 / 173

吸取教训 / 187

第 10 章　总结 / 191

自由问答 / 196

从最重要的开始 / 199

尘埃落定 / 199

讨论提纲　讨论 & 反思提纲 / 201

附　录 / 205

致　谢 / 208

关于德沃拉 / 210

引 言

INTRODUCTION

打下基础

> 生命宝贵,避免浪费。
>
> ——埃莉诺·格林

跳出圈子

读这本书之前,请你做好准备——打破刻板印象、重塑价值观、丢掉错误观念、应对高难度沟通。你会学会如何把曾经自以为的"弱点"变成你最强大的武器。你会知道如何更好地了解、接纳和展现真实的自己。我们将一起打破偏见,重谱人生篇章。

我们的目的不是改变别人,而是更专注于自己。与其气到撞墙,不如吸取教训,用更多的精力提升自我。好好做每一件事，才能做好每一件事。

从现在起，自己定义自己的人生。

借款还是贷款？

我读 MBA 一年级时，有一门课是会计学。我对这门课完全没有头绪，好在我很快和一名注册会计师交上了朋友——他（她）们很好认，要是你在走廊上看到有人手里拿着一个高级计算器闲逛，那他准是个注册会计师。第一次辅导，我一直问这个会计师同一个问题："到底是借款好，还是贷款好？"我以为他会给我一个肯定的答案。结果，他不偏不倚地告诉我，借款和贷款各有各的好。我不能理解，所以坚持反复问同样的问题，最后因为太失望还哭了。

现在的我明白他当时的感受了。

时间快进到二十五年后，自从我开始在全世界讲授性格课程，我总被问到这样一个问题：感觉者和思考者，到底哪种性格更有可能成为领导者、成功者、领航者？

对这个问题，人们各持己见。比起给出一个简单的答案，大家更期待我能写本书好好聊聊这个问题。（其实我也一直期待有人写信邀请我写一本会计学的书。估计这信是被埋在邮箱里了，所以至今还没收到。）

长话短说

就我所知,性格有无数种。不管何时展现,每个人一辈子至少会拥有一种性格。(也有少数人同时拥有好几种,不过,要聊这个话题,就得再写一本书了。)

感觉者注重体验,思考者看重逻辑,看似泾渭分明。但本书中的许多例子都可以证明,这两种性格都是我们宝贵的财富,而且我们在生活中总是需要和不同性格的人打交道。

分解难题

能有什么生物,比人还复杂呢?(好吧好吧,我听见有人说海豚了,但我假装没听见。)诚然,我们之所以成为独一无二的自己,是有很多复杂的因素同时起作用。在这本小书里,我们将主要关注"性格"这一细致却迷人的侧面。

是的,人是多面的,人是复杂的。你要相信,通过了解这个看似微小的侧面,将改变我们对自己和他人的理解。

本书不难,别有压力,让我们从这句简单的话开始:

感觉者跟随内心,
思考者跟随头脑。

这句简单的话概括了人们感受、理解世界,与世界互动的方式*。

接下来,让我们来区分一下这两种性格内在心理机制的不同点:

思考者－跟随头脑	感受者－跟随内心
·重视逻辑 ·善于分析 ·处事直接	·高度敏感 ·同理心强 ·处事灵活

思考者注重逻辑思维,为人处事直截了当。感受者性格比较敏感,同理心强,为人处事灵活变通。

每个人身上多多少少都带有这两种性格特质,至于哪种特质更突出,则取决于他/她独一无二的内在。幸运的是,本书第一章我们就准备了独家"仙人掌&雪花"性格测试。测试结果能帮你弄明白自己在这个体系中处于什么位置,至少弄明白自己在思考者和感觉者的坐标轴上,位于哪一个点。

在我们开始之前,请牢记下面几句话:

◆ 思考者和感受者的生活体验是截然不同的
◆ 敏感不是弱点,而是一种超能力
◆ 感觉者也会逻辑思考,思考者也会敏锐感受,每个人都是多面的

最重要的是:没有谁的性格需要改正!

---

* 基于心理学家卡尔·荣格(1875—1961)的观点。荣格创立了诸多心理学概念,包括意识的四种功能,思考型与感受型性格等。

你将看到

我的文风很随意,不会高谈阔论、装腔作势。你也不用担心读不懂术语,这本书很好读,也很实用,不会给你带来负担。

从我的经验来看,与读者互动常常带来很好的效果,所以书中有很多互动环节,包括情景对话、提示清单、小测验、工具间、工作单……还有很多小惊喜,在此暂时保密。

文中举了很多真实生活的例子来阐明关键点。有些例子格外实用,我将它们设置成了"新手上路"环节。

书中的所有事例都基于真实

事例的人名和具体细节可能做了改动,但这些经历和遭遇本身都源自真实事件。请记住这一点,因为我猜你很难相信有些例子是真实的。有时候,真相比小说更魔幻。

大新闻

请注意:从现在起,我们称前文中的"感觉者"为"雪花"、"思考者"为"仙人掌"。完毕。

"雪花"和"仙人掌"是蔑称吗?

你们好!我是德沃拉的编辑。(其实是我假扮的,因为这是他的想法。)有些人会反感"雪花"这个词,因为它多少带有一些负面寓意,如自大、偏执、高傲等。同样,"仙人掌"有时也和残暴、粗鲁、主观相关联。

然而,你会发现"雪花"和"仙人掌"在本书中被用来代指两种不同的性格。本书不涉及文化和政治,我们关心的是性格特质和交际方式。

我欣赏雪花和仙人掌独一无二的美,因此不会给任何一种性格贴上负面标签。所以,请您抛下那些成见,准备跟随我启程吧。

第 1 章

跨越性格鸿沟

自 测 与 解 析

雪花与仙人掌

> 梦想要脚踏实地。
>
> ——奥尔德斯·赫胥黎

雪花很常见。有些人觉得雪很奇妙,它不是一下就降落在地面,而是在空中缓缓飘扬。一些人觉得,雪花形态各异、晶莹剔透、飘逸优雅,散发着耀目而细碎的光芒。但在另一些人眼里,雪花没什么特别,和雨水相比它还显得脆弱即逝。

再来说仙人掌。仙人掌的世界和雪花有着天壤之别。它多刺的外表不容侵犯,生活在干旱的气候带,养成了坚忍、顽强、持久的性格。仙人掌更喜欢与他人保持一定距离,对于联欢共唱《同一首歌》这种其乐融融的温馨环节,仙人掌通常没什么兴趣。有人十分欣赏这种淡然,也有人觉得是薄情。

雪花经常在想,为什么?为什么我是雪花?仙人掌则从不多想,该做什么就做什么。

雪花面对严寒,仙人掌面对酷暑,想要生存,都不容易。接下来,我们先分别走近雪花和仙人掌,然后看看他们相遇的时候会发生什么。毕竟，我们生活的环境是雪花和仙人掌随机混合的大杂烩。不会有人身上贴了一块标签，上面明明白白地写着自己真实的性格。

这本书里，我们会逐步展开，你也将明白，我的目标是把两种性格都讲清楚。雪花，不要伤感。仙人掌，不要觉得浪费时间。你们会不虚此行。

偏好程度

如果每个人都是纯粹的仙人掌或者雪花，生活会简单得多。这本书也没必要写这么长，本章甚至到此就可以完结了。等等！别那么快把书合上。

我之前就提到过，性格没那么简单。大多数人能感觉到自己更偏向某一种，也有人会觉得自己就是典型的仙人掌或雪花。其实每个人身上多少都带有这两种性格的影子，再混合其他影响性格的因素，就会形成丰富多样的性格！

把性格想象成一条"线"，那么最重要的是你在这条线中的位置。想象有这样一条线，一端是沙漠，一端是冰原（线是什么材质并不重要，当然，丝线摸起来手感更好）。一端是沙漠，里面是自得其乐的仙人掌，你得主动向别人示好才有交流。另一端的冰原里，雪花会有礼貌地主动和你打招呼。

这两类人，也就是纯粹的雪花和仙人掌，位于线的两端，代表"强偏好性格"；有些人在线的端点和中点之间，我们称为"中偏好性格"；还有些人位置比较居中，属于"低偏好性格"。

小测验

寻找关联

请判断对错。下列性格特征是仙人掌和/或雪花的典型表现吗？

性格特征	对！	错！	正确答案
充满自信			并没有
创意满满			难说
信念坚定			不曾有过
一丝不苟			拿不定
独立自主			不存在
才华横溢			不可能有
领导能力			貌似吧
组织条理			无
持之以恒			别想了
方向感好			说不准

你答得怎么样？其实我想告诉你的是，上面这些性格特征，并不是仙人掌或者雪花的典型特质。性格是复杂的，仙人掌也好，雪花也好，只是某种性格而已。但是，这两种性格对我们的影响十分深远，决定着我们如何感知自己的生活，是最本质的东西。

我也把这些位于端点的人称为"顶端性格"。比起他（她）们，很明显，越靠近线段中点，性格越复杂丰富，具有多样性。

是的，多样性格很重要。书中，我们会主要关注雪花和仙人掌，因为这是决定性的因素，能帮助读者理解"多样性"从何而来。换句话说，先抓住本质，才能明辨那些细微的差异。

了解自己

第一件事，先弄明白你在性格坐标轴上处于哪一个位置。

下面有一个性格自测。可能你不太想做，毕竟很少有事情比"了解自己"更吓人了。再说了，这个测试可能会让你"暴走"：我的性格，区区几个小问题怎么能概括得了？

不管你怎么想，我还是想敦促你花点时间做一做。等你读到后面，读完整本书，你会明白我为什么这么做。

记住，答案没有对错，结果也没有好坏。

雪花与仙人掌

"仙人掌 & 雪花"性格测试

欢迎来到你的独家性格测试。

测试中,每一小题有两个选项,请你根据题意填写答案。我们希望了解你同意这两个选项的程度,所以请你认真考虑,然后在 AB 选项后面的横线上按照程度填上 3 或 2 或 1。

如果非常同意 A,不太同意 B,请写上 A=3,B=0。如果只是有点儿同意 A,同时更同意 B,请写上 A=1, B=2。每个小题 A 和 B 选项得分相加必须为 3。

你只需要根据自己的感受来判断,不用带有别的目的性。如果不同环境会影响到你的选择,建议你在家里做,这样环境更熟悉。

我们的评分有 1、2、3 这三档,没有小数点或者半分(比如 1.5 分)!你必须严格遵守这个标准。

性格自测

1.	我觉得今天没有虚度,每当:	
	A. 我完成了给自己安排的任务	_____
	B. 我为他人提供了帮助	_____
2.	我很清楚与对方不会再有交集的时候,我会	
	A. 不再介意对方对我的看法	_____
	B. 还是想积极促进自己与对方的关系	_____

续表

3.	我合作最愉快的一类人是：	
	A. 感到信任并能够相处和睦的人	_____
	B. 坦率直接、知识渊博的人	_____
4.	我是这样的人：	
	A. 灵活变通	_____
	B. 坦率直接	_____
5.	我感到骄傲，因为：	
	A. 我聪明能干	_____
	B. 我能察觉细微的情绪变化	_____
6.	我是：	
	A. 感受型	_____
	B. 理智型	_____
7.	精英团队里的成员应该：	
	A. 受到尊重和优待	_____
	B. 遵循明确的规章制度	_____
8.	受欢迎的领导者应该：	
	A. 守信可靠	_____
	B. 关怀体贴	_____
9.	我渴望能：	
	A. 影响他人	_____
	B. 改变结局	_____
10.	冲破困境需要的领导能力是：	

		续表
	A. 稳妥和客观	_____
	B. 同理和共情	_____
11.	与他人建立理解的基础是：	
	A. 理智	_____
	B. 情感	_____
12.	如果必须要说一个坏消息，我会	
	A. 客观说出事实	_____
	B. 弱化消极影响	_____
13.	我这样描述自己：	
	A. 善于欣赏	_____
	B. 善于分析	_____
14.	做重大决策时，我会	
	A. 靠逻辑公平决策	_____
	B. 凭感受随心而选	_____
15.	我更看重：	
	A. 和谐和包容	_____
	B. 准确和公正	_____

自测评分表

提醒一下，下面每栏里同时包括了 A 和 B 两个选项。

1	A=	B=
2	A=	B=

续表

3	A=	B=
4	A=	B=
5	A=	B=
6	A=	B=
7	A=	B=
8	A=	B=
9	A=	B=
10	A=	B=
11	A=	B=
12	A=	B=
13	A=	B=
14	A=	B=
15	A=	B=
总分（45）	仙人掌 =	雪花 =

28 分以下——低偏好性格

29~38 分——中偏好性格

39~45 分——强偏好性格

恭喜！你完成了！

现在，让我们一起来看测试结果。

偏好量度

性格的分级取决于两个因素：基本性格和偏好量度。这句总结听上去就很仙人掌，那用雪花的话来说：现在就开始探索你的性格偏好吧！

高能预警！偏好强并不意味着你的性格更坚强，偏好弱也不代表有人格缺陷。"偏好"只是一个术语而已，用来定位你在性格坐标轴上的位置。

如果有一栏的得分超过了38分，那你肯定算得上"强偏好性格"。换句话说，你与一种基本人格高度匹配。

如果两栏的得分都不超过29分，那么你基本上是中偏好性格，这并不是人格混乱，用不着去看心理医生。至于中偏好性格缺乏主见、软弱无能的说法，更是无稽之谈。你想知道自己软不软弱，不如测试自己能做多少个仰卧推举！来二十个给我看看。（俯卧撑和仰卧推举可不是一回事儿哦）。

以下就是两种基本人格的强、中、弱三种偏好程度的表现，供你参考：

强雪花人格

强雪花几乎符合雪花人格的所有特征。对你来说，维持身心健康的根本在于拥有和谐、包容的人际关系和长远的目标。你会在平时的工作和交往中寻找意义，他人眼中一些细枝末节在你心里可能意义非凡。你的感受很敏锐,任何不和谐因素都逃不过你的眼睛。你重视建立团队和友好的人际关系。你很介意遭到他人轻视,如果无意中轻视了别人,会良心不安。

虽然你总是很忙,但还是会抽时间帮助有困难的人。你不吝啬对别人的称赞,同时也希望别人能欣赏、认可你的付出。

中雪花人格

本质上你是一个雪花,但带有一定的仙人掌特点。你做事凭感觉喜好,同时也想要划算实用。大多数情况下,你的情感高于理智。考虑问题的时候,你努力让自己做的决定既合情又合理。

你很能照顾到别人的感受,控场能力强,有大局观念。高效地完成有价值的工作能提升你的自我认同感。

弱雪花 / 弱仙人掌人格

你融合了雪花和仙人掌的很多人格特征,是中间性格。暂且叫你"仙人花""雪人掌"——任何你喜欢的名字都行。

你可以不费力就理解不同性格的人。对理智型和情感型,你都能发自内心地产生共鸣,从而很顺利地建立起信任。你很有凝聚力,能够发掘大家的共同利益,一起逐步克服困难。你在组建团队和处理冲突方面也很有天分。虽然这些技巧可以后天习得,但远不如你天生的驾驭能力。

中仙人掌人格

你符合大部分仙人掌特征。你善于思考,为人处事强调实用和公正。对你来说,个人的能力是最重要的,同时你也能理解有些人会花精力处好人际关系。做决定的时候,你认为首要是公平。

强仙人掌人格

你几乎符合所有的仙人掌人格特征。

想从你这里得到一句赞扬比登天还难,因为你觉得拿钱办事,把事做好是理所应当的。你用事实说话,反馈工作都是直截了当。遇事很善于分析,会运用逻辑做出判断。

典型反应模式

1. "哇!难以置信,德沃拉简直神了!"

    因为……测出来的结果和你的自我感知非常一致。

    有可能:你与某种典型性格高度相符。

    或者

    你本就对这种人格比较了解。

2. 有趣。我大概知道为什么会是这个结果。

    因为……这个结果或多或少与你的判断相吻合。

意味着：测试结果和你的自我感知大体一致

或者

你在性格坐标轴上处于居中的位置。

3. 或许吧。为什么感觉有点似是而非？

因为……你接近中间性格，一只脚踩进沙漠里，另一只踏在冰原上。

通常是：因为测试结果是来源于你后天习得的行为，而非天生的性格偏好或性情。

或者

测试的时候，你选的其实是自己理想中的性格特征。

4. 和我完全不符合。

因为……这个结果一看就不准啊。

是因为：你身边有太多偏好程度高的同类型人格。想象一下，如果一个弱仙人掌在一群强仙人掌中间，久而久之，在对比之下，他（她）可能会误认为自己是个雪花。

或者

你把分数算错了。因为 A 和 B 不在同一栏，可能誊写分数的时候会出错。虽然这样有点麻烦，但可以有效防止有人把测试当成玩游戏。

现在我们不难看出，处于性格坐标轴不同的位置，会如何体现出人与人之间微妙的性格差异。

性别与性格

你可能会好奇人的性格和性别有没有关系。其实，两者没有必然联系，但有些人可能会抱有刻板印象。

这种情况可能是泛化思维导致的。现在确实有一种倾向，认为男性更符合仙人掌，女性更符合雪花。而且这种性别偏见还得到了相关测试结果的支持。最近的数据如下：

2018年美国迈尔斯－布里格斯类型指标（MBTI）手册附录的性别数据（第5-6页）

男性	女性
仙人掌（感觉者）——68%	仙人掌（感觉者）——38%
雪花（思考者）——32%	雪花（思考者）——62%

注：手册中把仙人掌称为"思考者"，雪花称为"感觉型"。

从数据中可以看出不同性别的人格偏好分布非常不均。但是别忘了，还有三分之一的人打破了这种偏见。因此，单纯用性别来判定一个人是仙人掌和雪花的做法是不可取的，面对自己也一样。希望你留意。

提示清单

◆ 了解自己是了解他人的基础

◆ 每个人与自己基本性格的符合程度各不相同

第 2 章

建立概念
偏见与动因

> 别人在讲的时候，你要认真地听。大多数人从未真正聆听。
>
> ——欧内斯特·海明威

等不及了吧。

你完成了自我测评，也看到了结果。现在，你的自尊心和生活重心（详见第5章）将决定你此刻的想法：

我是个_____，我这种性格明显很占优势。

我是个_____，我这种性格明显处于劣势。

以上两种想法都跑偏了。噢，抱歉，小雪花！我无意伤害你的感情。我的意思是，两种想法都不坏。行了，快擦擦眼泪。

至于仙人掌，他们不用我担心。

典型特征

仙人掌和雪花的这些差异意味着他们很有可能惹恼对方。你，为什么这么冷漠？而你，又为什么如此多愁善感？我们前面提到，仙人掌重思考，而雪花随心情。那么，其他的特征呢？

我列了下面这个表格，满足你的好奇：

	仙人掌有条理、善于分析、刚正不阿。
	仙人掌基于理性做决定。
	仙人掌看重恒心、精密和理智。
	仙人掌生来就直截了当。
	雪花感觉敏锐、善于欣赏、做事投入。
	雪花基于感觉做决定。
	雪花看重和谐、善良和同情。
	雪花生来就灵活变通。

前情回顾：测试分数越高（强偏好人格），说明你和这一系列典型特征越相符。弱偏好人格代表你只符合表里的其中几个特征。

下面进一步区分两种基本人格：

仙人掌是**逻辑型**，雪花是**感觉型**。

我在几部权威词典里把每个关键词的定义做了对照（牛津词典和韦氏词典是我最常用的，虽然讲这些显得我有点儿啰唆）。每个关键的性格特征可以用两个词定义：

逻辑型：理性、合理

感觉型：感知、体贴

雪花完全是感觉型，而仙人掌是典型的逻辑型。这意味着什么？

进一步探究，下一步我们将踏入"反义词"的领地。真实、危险又迷人。现在，我们玩个游戏吧。

突击测验
猜猜反义词

千万不要提前看答案，那样就没意思了。

跟着感觉走，在"反义词"一栏里填上你心目中的最佳答案。

描述	定义	反义词
逻辑的	理智的	
感性的	关爱的	

打住！先自己写，再往下看。

调查显示……

"逻辑的"的反义词是……混乱的,前后矛盾的,语无伦次的。

与"感性的"相对的呢?肤浅的,淡漠的。

描述	定义	反义词
逻辑的	理智的	混乱的
感性的	关爱的	淡漠的

换句话说,词语很会误导人——这可不是小事。

标签化如何影响行为评价

将仙人掌看成"逻辑至上"是有很大风险的,因为"逻辑的"的反义词"混乱的"等同于"自相矛盾"。按照这个逻辑,与仙人掌相反性格的雪花就会被评价为"混乱的""自相矛盾的",这是一种负面的评价,仿佛他们对自己的生活完全没有规划和掌控。

同样,将雪花看成"感性至上",意味着雪花在生活中总是关爱的、体贴的。那雪花的反面仙人掌呢?咦!是"淡漠的"。这种看淡人生的态度,最令雪花不齿。

其实,之所以产生标签化的刻板印象,很大一部分原因是没有好好理解他人的行为。

现在,让我们进入本书的第一个工具间。每个工具间里你都能找到实用的小工具,为你量身定做。

工具间

打破刻板印象

下面是一个系统应对刻板印象的模型。刻板印象是无处不在的。我们会分析最普遍的几种刻板印象,仔细查询线索,尽量找出它们的根源,评估其合理性。

刻板印象 A:雪花都很软弱。

有什么证据?

雪花经常哭。连商业烂片也能赚到他们的眼泪。

根源是什么?

雪花高度敏感。遇到事情会深入地反思,容易情绪化。

真的吗?雪花总是过度敏感?

这个提问本身就有问题。"过度敏感"是一个负面的主观判断,事实上"共情"有很高的价值。

刻板印象 B：仙人掌都很讨厌。

证据是什么？

他们有时候就像倔脾气的老头儿。

根源是什么？

仙人掌性子很直，不绕弯子。有时候，这样的性格会得罪人。

真的吗？仙人掌总是麻木倔强？

语言简练不代表冷血。仙人掌直来直去，在与他人的对话中，一些微妙的深意可能被他们忽视。但是，心直口快也有很高的价值。

刻板印象 C：雪花看不到问题的本质。

证据是什么？

他们对逻辑分析不感兴趣。

根源是什么？

他们感性至上。

真的吗？雪花思辨能力匮乏？

远非如此。其实雪花时刻都在思考周围发生的事件。有雪花自己说："每件事我都要想得明明白白。"他们会反复地思考一件事情，尤其关注自身的感受。

还是别太认真啦，放松点。

刻板印象 D：仙人掌不重视价值引导

有什么证据？

他们几乎从来不提自己的价值观。

根源是什么？

仙人掌并不喜欢把个人的价值观拿到台面上讨论，而是将其作为背后的推动力。

真的吗？仙人掌对价值观不感兴趣？

大错特错。强有力的价值观引导对雪花和仙人掌两者都起根本性的作用。只不过，他们眼里的"价值"是不同的。

拯救世界

在你心目中，雪花和仙人掌谁最有可能拯救世界？

雪花正招摇地高举双手，喊着："是我！是我！看过来！"

别着急，稍稍等会儿。首先，"拯救世界"属于典型的"雪花"口号，在雪花的心中常常被放在首位。而仙人掌呢，他们考虑实际的具体问题。比如，这个长 2 英寸、宽 4 英寸的木材能塞进我车的后备厢吗？（说实话，说的就是我那辆破破烂烂的轻型货车。终于找到机会把它写进书里了。）

实际一点。虽然我是个百分百的雪花，但凭良心，我可不敢说我们雪花就能垄断"拯救世界"这行。原因有很多，下面就有两个。

原因一

问题出在这儿。雪花太多愁善感了,很容易沉浸在负面、忧伤的情绪中,这样很难实现目标。

雪花非常体贴,也因此觉得自豪。可这种好意在现实世界的冰冷和残酷面前是那么不堪一击。随便一句批评、冒犯对雪花来说都可能是一记重拳,很久才能缓过来。

原因二

情绪对仙人掌来说完全不是事儿。很多科学家、工程师、机械师、建筑商和律师都是仙人掌。但我坚决反对说他们冷血,这话毫无依据。我有很多好朋友就是仙人掌。

他们只是不那么在乎"感受",更偏向理性。仙人掌都很务实、讲求实际。他们通常脚踏实地,因而大有作为。

新手上路

养老院里的雪花学员

艾拉娜是一名大学三年级的学生,她打算去做志愿服务,希望平衡好自己的生活,也能为社会做些好事。她申请去当地的养老院做专业护工,想弥补自己当初没能多陪陪祖父母的遗憾。艾拉娜是一个典型的雪花。还没去养老院之前，她已经开始设想自己和老人们和谐相处、其乐融融的场景。

等到了养老院，她看到到处都是坐着轮椅的老人，大部分都是孤零零一个人。艾拉娜觉得自己完全浸入了这种灰色的情绪，喘不过气来。在她眼里，这些老人孤苦伶仃、无依无靠……这家养老院名声在外，可艾拉娜感受到的却只有黑暗和绝望。她转身离开了养老院。

她回到洒满阳光的街道上，一边踱步一边思考。不到半个小时，她理清了思路，认识到是情绪影响了理智。她也意识到，情绪让自己在工作上掉链子了，自己怎么能因为个人情绪而放弃服务社会呢？

艾拉娜大步走回了养老院。一进屋，她调整了自己的心态，发现其实一切都井井有条。之前的自己没有考虑他人真实的感受，只是活在了主观臆断之中。

接下来三年，艾拉娜一直在这所养老院做义工，感到开心而满足。这份工作一开始给她带来很大压力，后来却变成了每周平静心情的固定活动。她慢慢体验到，跳出自己视角的局限，原来大有裨益。

洞察自己的性格，能帮我们理解自己遇事为什么会做出某种情绪和认知上的反应，同时意识到自己的主观局限性。在艾拉娜的故事里，我们发现，尝试新的思路转变了她最初的犹豫，让她做出了正确的决定。

行为动机

如果足够用心，我们能通过观察行为做出一些预判。但把这种观察作为判断性格的依据，则不那么准确。我们很难完全掌握行为背后的动机，把行为作为判断动机的唯一证据是有风险的。

是雪花还是仙人掌，并不会妨碍我们选择某种生活方式或某条职业之路。

掌握行为真正的动机有助于揭露性格本质

让我们来看三个例子。

案例一：幼儿园教师

一个幼儿园教师？不用说，肯定是个雪花。

别那么快下定论。幼儿园教师中的雪花和仙人掌都很多。你之所以倾向于雪花，可能是出于这样的考虑：雪花更适合为单纯的孩提时代倾注关爱。一个雪花做了幼儿园教师，会十分珍视幼儿在自己呵护下成长的过程，同时谨记幼儿园教师立德树人的目的，像一首和谐的弦乐四重奏。

但是也有很多仙人掌去做幼儿园教师。结果会如何？他（她）们会更倾向致力于打造系统、有结构性的幼儿课程体系，维持安全、有序的环境，从中获得稳定的成就感。

案例二：素食主义者

得知你的朋友是素食主义者，你会产生什么联想？尽管想吧！除了我，没人会知道你的心理活动。为什么要抑止自己这些突发奇想？况且，只是在心里想想。

很多人倾向于把素食主义者和雪花的特征联系起来。排名前列的有：心软、感性、负罪感。有些雪花拒绝吃肉，确实有这方面原因。

而仙人掌当中也不乏非常坚定的素食主义者，但他们选择吃素的原因不出于关爱动物或自身情感。我就认识一位。他的说法是：吃肉不合逻辑。首先，他是一名医生，从自己的诊疗经验得出的结论，吃素比吃肉更健康。还有一个原因是环保。吃素的情况下，维持地球生态和解决全球温饱所需的资源都更少。可见，仙人掌选择吃素的原因和他们的性格特征高度匹配。

案例三：瑜伽教练

瑜伽教练看上去是一个典型的雪花型职业。每节课开始时，我们都要唱诵"欧姆"，让能量充满全身，身心与宇宙相连。可仍然有许多仙人掌将瑜伽教练作为自己的职业。对你来说，也许很难在课堂上看出教练的性格，但如果对他们成为教练的动机有所了解，就能很快区别出两类了。留心听他们的指导语，你也会有不少收获。

仙人掌被瑜伽实际、可度量的部分所吸引。他们看重的是：瑜伽是一个细致连贯的整体系统，使人身心合一，强调精准，学习体位每一步都要做到精确。瑜伽也有益身心，能帮人舒缓压力、增强核心力量、促进消化、提升平衡力等。

雪花眼里的瑜伽则完全是另一回事了。一个雪花教练会告诉你，瑜伽课不仅在瑜伽垫上，更在生活中。他们很乐于分享精神格言，还会鼓励学员组成团体，强调我们都是整体中的一分子。

体察行为动机

性格倾向有助于揭示行为动机，体察他人的行为动机其实是改善人际关系的捷径。

"等等！"此时你可能要打断我。"如果我对这个人的性格倾向一无所知，怎么办呢？"这是个很有挑战性的问题，但我没那么轻易被问倒。我想起不久前与他人的交谈经历。

当时我在给一位新晋的管理者培训，讨论的就是定位他人行为动机的价值。他停下来做笔记，梳理了一下自己的思绪，然后做了这样的总结："看来我得弄清楚他们想要什么。"

我笑了，和他保证说："没有那么难。"

这件事情不需要你绞尽脑汁，也不需要在"神奇八号球"*

---

* 译者注：神奇八号球（Magic eight ball）：美国20世纪八九十年代的一种流行玩具，是个巨大的球，里面的蓝色液体中漂浮着一个多面体。多面体每一面上都写着是或者否。想要获得指导者可以想好问题后摇动它，多面体静止后，便能从窗口中看到一个确定答案。

上寻求答案(虽然紧要关头,它还是很有用的)。

不知道是什么在主导某个行为?请看下面的"两步"分析法。

工具间

"两步"分析法

"两步"分析法在很多复杂状况下都适用,能帮你结交新朋友,也有助于挽回严重偏离正轨的人际关系。实话告诉你,与人打交道遇到的各种状况,几乎没有这个法则解决不了的。

第一步:"观"

学会察言观色,你会获益良多。以下是我的建议:

- 认真聆听
- 完善细节
- 注意遣词用句和说话语气
- 留意对方表达的细微转变
- 留神沟通时双方站位的变化
- 是否有突然的表情变化,比如眼睛一亮
- 观察交流过程中情绪的传递
- 关注眼神交流的频率变化

- 多观察你身边的人

这些都是理解他人行为的线索。可是，如果你——

还是不确定？（别担心。）

想验证你的直觉？（好主意。）

觉得线索还是太少了？（别害怕，我在呢。）

遭遇"技术性难题"？（谁没遇到过呢？）

让我们进入下一步：

第二步："问"

"问"这个方法常常遭到忽视，真是让人震惊。询问是非常重要的，其中就有：

- 询问行为的动机
- 询问对方喜欢哪种交流方式
- 请对方举例，来说明行为的灵感来源和动机
- 根据对方的回答，来跟进提问

补充技巧

- 每次问一到两个问题，不要重复问
- 给对方一些时间思考答案
- 允许对方后续修补回答
- 请对方解释清楚。即使对同一个事物，不同的人也可能有不同的定义

情景对话

桑迪是一个仙人掌,刚晋升为部门主任。她的新助手李是一个雪花,但桑迪暂时还没有看出来。桑迪不仅在锻炼自己的眼力,也很重视提问互动。下面来看两人之间的讨论片段:

桑迪:我会定期给你的表现一些反馈;工作上要想进步,反馈是非常重要的。

李:不错。

桑迪:和我说话不需要拐弯抹角。你怎么想?

李:嗯……我还是希望不要太直接。

桑迪:为什么?

李:嗯……

桑迪:【努力克制自己不要插话,等李把思路理清楚】

李:我是说,我当然想进步,也想知道自己哪些方面做得好,但是我觉得反馈的方式真的很重要。

桑迪:你说得对。这样吧,我们第一个季度结束之后先按你说的试一试,看看效果如何。

李:【瞬间精神起来,挺直身板】好主意!

桑迪树立的榜样:

- 注意到对方肢体语言
- 要求进一步说明("为什么?")

- 很有耐心
- 建立信任（"你说得对"）
- 提出保持交流

有时候，尽管我们观察很仔细，也用心准备了问题，还是会出岔子。别在意，这不是大问题。你的关注和问询已经传达了真诚的关切。你采取的主导行动已经迈出了一大步，值得表扬和钦佩。

接下来是期待已久的环节，我们要将雪花和仙人掌各自的才能和癖好做个比较。毕竟，凡事皆有两面。

亮点和劣势

很欣慰你跟上了我的思路，我说过性格没有优劣之分。但是两种基本性格各自的优势和挑战还是有一些明确的区别。

仙人掌的性格亮点和劣势

他们不会……
- 执迷不悟
- 内耗自伤
- 困于情绪

他们……

- 不用花太多精力自愈

但容易……

- 缺乏外在亲和力
- 引起冲突

雪花的性格亮点和劣势

他们不会……

- 挑起矛盾
- 破坏和谐
- 伤害感情

他们……

- 善于倾听情绪的信号

但容易……

- 主观臆断
- 过度解读

提示清单

◆ 性格是复杂的,所见并非全部

◆ 冲破刻板印象才能真正懂得人们行为的动机

◆ 拿不准他人行为的意义?记住"两步"分析法:"观"与"问"

第3章

尊 重

> 工作要动脑,对人要用心。
>
> ——埃莉诺·罗斯福

如果人人努力工作,互尊互爱,世界会不会美好得多?我的天,这个要求是不是太高了?

的确,没那么简单。

让我们从一句箴言开始:

<blockquote>人的内心各不相同</blockquote>

何止不同?明明是千差万别。这就是为什么在人们的认知里,确认什么是尊重这么难。

相对论

爱因斯坦赢了……又一次!除了精通物理定律之外,爱因斯坦还有很多精妙言论。我在此大胆地宣告，他说过最好的箴言是"一切都是相对的"。这句话与本章的内容非常吻合。一起看看为什么。

雪花最看重什么？

尊重。

他们讨厌什么？

感觉对方不尊重自己。

现在去找一群仙人掌，问他们最看重什么。可能他们给出的清单很短，但是尊重一定榜上有名。不能忍受什么？感觉对方不尊重自己。

雪花和仙人掌是一样的。

这是怎么回事？我们一直在仔细剖析雪花和仙人掌之间有多么不同。可他们看重的和讨厌的事情怎么会是一样的？又是为什么，说到对方不尊重自己时，我强调"感觉"？

这些都是很好的问题，下面将一一解答。首先，来到我们非常精简的工作单。

工作单

它对我来说意味着什么

给"尊重"下个定义。

认真思考一下。我等你。

尊重是：_____

不简单，对吧？尽全力吧。

韦氏英文词典里，"尊重"意味着体贴他人、有礼貌、讲文明。

等等。关键是什么？"尊重"可不是一个简单的概念。虽然理论上来说，尊重的价值可谓举世公认，但实践中却千差万别。比如，仙人掌和雪花心目中的"尊重"就大不相同。

更何况，每个人对"尊重"的体验也不一样。这个最基本的概念变得越来越像一盘搅成一团的意大利面，复杂混合的滋味，只有自己最能体会。

说到"尊重"，你的第一反应是什么？"想别人怎么对你，先怎么对待别人"。这话耳熟吗？著名的"黄金法则"，你一定听过。这句话可谓是经典的人生向导，放之四海而皆准。

现在，挑战黄金法则的时候到了。（其实，很多年前我就把它抛到脑后了。）

虽然这个法则的出发点是好的，但是可能会好心办坏事。举例来说：我尊重你的方式可能根本不合你意。

套一个公式：$a+b=c$

如果我们假设

（a）我相信别人和我打招呼是在向我表达尊重……

（b）我也和别人打招呼（别人也包括你）；

那么

（c）打招呼会让你感到我在向你表达尊重

一定成立吗？

不一定。雪花和仙人掌可能有完全不同的感受。一句"早安"可以振奋一个雪花，也可以惹恼一个仙人掌。

突然间，a+b ≠ c 了！

真是一团乱。现在怎么办？是时候来到……

铂金法则

黄金法则已经老掉牙了。别管它了，塞进在柜子最里头积灰吧。现在，我们换新升级，来到灵活实用、闪闪发亮的铂金法则：

以别人想要的方式对待他们

铂金法则改变了游戏规则。

叮咚！我预感这下你日常的人际交流会和过去有很大不同，你也会用新的标准来制定你的交往策略。

怎么做呢？你需要把关注点转移到他人的偏好上。有点耐心，你需要不断练习。努力会得到回报的。来吧，尝试一下铂金法则，然后告诉我你的想法、你的感受。

铂金法则是说，把自己的注意力放到他人关心的事情上。不是什么乾坤大挪移。快来试试吧。

新手上路

"好心办坏事"

贝丝是个雪花。她的同事艾莉森是个仙人掌。她们和平共事多年，当然也曾有过一些不愉快。有一次开会，艾莉森看上去情绪不太好。其他人可能意识不到，但是贝丝很善于捕捉气氛的微妙变化。

于是，她把艾莉森拉到一边，问道："艾莉，没事吧？"

艾莉森觉得有点别扭，生硬地答道："嗯？我没事啊。"她不想把个人情绪带进工作里。

贝丝觉得艾莉森平静的外表下有一丝不对劲，她继续问了下去。

"没事，别不好意思开口。我们都一起工作这么长时间了！我感觉你情绪不太好，来关心一下。到底怎么啦？"

艾莉森瞪了她一眼，转身走了。

让我们运用铂金法则

贝丝关心艾莉森的方式，其实是她希望的方式：在她自己情绪低落时，能得到他人的关心询问。可这根本不是艾莉森想要的。换句话说，贝丝完全是好心办了坏事。结果，她和艾莉森的关系急剧下降。

贝丝的插手让艾莉森觉得不快，甚至有些恼火。她提醒自己以后要记得和同事保持距离。

顺便提一下，艾莉森绝对不会用这种方式来关心贝丝，哪怕贝丝很期待。不可能的。仙人掌艾莉森认为不应该随意插手别人的事，要给他人空间。几周后的一天，贝丝来上班的时候一脸疲惫，好像着了凉。艾莉森看到了，没说一句关心的话。贝丝感觉很沮丧、很受伤，当然，那时候她还没读过这本书。

现在贝丝知道了，这不是个人问题。她明白了，要根据他人的具体情况预估他人的行为。对仙人掌艾莉森来说，一句轻松的"艾莉，没事吧？"这样适可而止的关心才是更好的尊重。

至于艾莉森，如果她愿意的话，在听到贝丝说自己不舒服的时候，或许可以尝试说一句"希望你快点好起来"。

性格既能对他人的行为偏好作出解释，又能为你的行为提供无限可能。每个人有权选择自己的生活方式。因此，努力积累不同的行为技能，提升自己对不同场合的适应能力吧。

我想你肯定会喜欢下面这个技巧，它是：

多面性

"多面性"意味着调整自己的风格以适应他人的行为模式。有三点规则:

- 理解自己的性格
- 了解他人的交际模式
- 根据交际场合灵活调整自己的行为风格

先掌握一点规则是很有必要的。

别嫌烦,对于初学者来说,在人际关系中想要提升信任、建立团队、激发和构建共识,"多面性"是个再好不过的方法。了解规则还有另一个好处,你不会在"百变风格"的过程中迷失了自我。

后天习得的行为方式 ≠ 内心本质的性格倾向

放心吧,借鉴另一种性格的特征不会改变你的性格本质。经常有人问我:"如果我因为工作需要而改变了行为方式,会不会就成了一个'中间性格'"?我的答案是:不会。"多面性"提升了你应对不同状况的灵活度,而不会改变你的核心。你仍然是你,但更灵活、更有弹性,这意味着你的选择更多,更有活力。

为什么是你?

人们很容易陷入一个误区,会想,"为什么我要去适应别人?"我的回答是:"为什么不能是你?"其实,绝大多数人都没有意识和能力展示真正的自我风格,那为什么不尝试多面一些呢?

"多面性"无关职位高低,也无关本质如何、谁对谁错。真正重要的是你想要实现什么:希望自己永远是对的?希望获得荣誉?坚守自己的立场?你内心最想要的是什么?想想你的目标,你应该更多关注你所追求的。

与不同性格的人打交道的时候,"多面性"尤其管用。

新手上路
方式和目的

美国一家非营利组织正在筹备年度联欢。这场活动档次很高,是组织一年里募集资金最多的活动,其中有一个环节是公开筹款。

活动开始前几个星期,董事长办公室来了一位不速之客——德露莎。作为组织的主要投资方,她想和董事长聊一聊。一坐下来，德露莎直奔主题:"我的情况你很了解。我每年都参加你们的联欢,对你们的事业也是全力支持。"听到这里,董事长乔伊连忙点头,给德露莎拿来干果和纯净水。他知道德露莎是董事会的成员,参加组织里的公益活动也很活跃,她的意见一定要用心对待。

"但说实话,我真的不能接受公开筹款环节——主持人要当众喊出人们捐了多少钱。这个事情我已经忍了很多年了!我想说的不是筹钱多少的问题,而是我们事业的未来!我经常一到这个环节就离场。我想说,能不能改变一下筹款的方式,把款额私下汇报给财务?"

德露莎喝了口水,继续说道:"有些投资方资金有限,募捐金额较少。如果公开的话,可能会影响他们的善心。而我们的宗旨是什么?是一视同仁!这不是搬起石头砸自己的脚吗?还有什么比坚持本心更重要?"她是一个容易情绪化的雪花,但她赶紧擦掉了泪水,努力抑制激愤的情绪。

乔伊知道这个问题,他上任这么多年,组织里有不少讨论。乔伊是个仙人掌,但他周围很多同事都是雪花。他能理解在雪花眼里,公开筹款,喊出捐款额的方式可能会让人们产生唯利是图的负面印象。但是,这个组织本身就只靠慈善筹款在维持。他做这一行已经三十多年了,知道行情——想多筹一些钱,就要公开。

"我们的募捐活动最重要的不是人文关怀和社会正义,是筹钱啊。"这句话闪过他的脑海。但他知道,用如此典型的"仙人掌"角度去回应一个雪花,会在他和德露莎之间造成鸿沟。于是乔伊运用了"多面性"技巧回答:"你对这件事情这么坚持,我觉得很有意义!你一直以来都很懂得体贴他人,我们也因此受益良多。我希望能想到一个折中的办法。毕竟,我们都是为了共同的事业能够长久!"

请注意!此时,乔伊没有提出或暗示德露莎她说的不对,也没有完全同意她。相反,他把德露莎的关注点引向了他们的共同目标。

从这一共识出发,德露莎和乔伊一致决定在公开筹款之外,再组织一场私下筹款。两种形式都大受好评,筹得资金数也创下了新高。

我同意

交际中的难点之一是人们看问题的视角不同。我想要这个,你想要那个,总有一个人做出让步。但是,如果我们把重点放在共同利益上,情况就会有很大改观。

恐怕没有哪三个字比"我同意"更管用了。此外,达成共识通常比想象中容易。在刚刚的故事中,德露莎和乔伊通过寻找共识,顺利推进了他们的事业。这种共识包括共同的价值观、活动的成功举办、组织的目标等。面对人们的不同视角,我们可以寻找共识。

由此可见,"多面性"在人际交往中十分有用。接下来一个例子里,我们会看到,"多面性"还有什么奇效。

新手上路

哪一个才是真实的你?

恩特·安东尼是一家大型跨国企业的高级董事,有着丰富的工作经验。他性子很直,如果对新产品的营销策略不满意,通常会直接指出。人人都知道,他不好惹。换句话说,他是典型的仙人掌作风。但……真的是这样吗?让我们进一步分析一下。

安东尼平常说话句句不离个人感受,就像冰激凌甜筒上细密分布的糖霜。他很感性,又很真诚,总是第一个报名参加公益活动,私下里给朋友发短信会使用很多表情符号,看爆米花电影还会掉眼泪。怎么会这样?

安东尼其实是个雪花,但他懂得在某些情况下自己必须展示仙人掌的行为方式。安东尼真实吗?当然。只不过他很早就学会了展现"多面性",这是他成功的秘诀。从安东尼的工作方式可以看出:他对同事和工作都诚心诚意;懂得真正关心他人,尊重不同观点;会对同事的职业发展提出有益的指导。他的行为体现了对他人发自内心的尊重。

管好自己

尊重他人的另一个要点常常被人忽视，那就是不要多管闲事。

有时候我们会自作聪明，觉得自己真是无所不知！我们甚至知道别人脑子里在想什么，他们应该做什么，不应该做什么。爱幻想又爱多管闲事，在自己脑海里给别人编故事，这样很容易迷失自我。

活在他人的故事里是无济于事的。插手别人的想法，只会阻碍问题的解决。管好自己、做好自己，才能真正解决问题。

一个典型错误就是：我知道你怎么想我。比如这句老话：她不喜欢我。

这句话可怕之处是：无法证实，也无法证伪——可能对，也可能不对，可能永远都无法确定。不过，我们可以围绕这种不确定的想法列出其他的可能性。改变想法很容易，只需要灵活地转换一下思路。仙人掌可能会反对，在他们眼中转变思路并不能改变现状。但我仍然想说，也许另一种思路才更接近真相。让我们来感受一下当你说出"她不喜欢我"时的其他可能性：

1. 我不喜欢她。
2. 其实她喜欢我。
3. 我不喜欢自己。
4. 她对我没什么看法。

第一种。让我们看看这种可能性。我发现每当我认为有人不喜欢我时，其实是我不喜欢对方。每次都是。你有同感吗？

第二种是最积极的思路，很有可能触发人际关系的动态转变。如果我突然觉得她其实是喜欢我的，我会怎么做？我会怎么面对她？这会给我们的关系带来什么变化？

第三种是自讨苦吃。然而，相比于整天想着别人到底喜不喜欢自己，建立自尊似乎更容易解决一些。

请注意，第四种给出了一个新的思路：其实一切与我无关。你是否因为对方一句有点冷淡、尖锐或轻慢的话而感到无所适从，后来发现根本不是你的原因？

想象另外一些情况，比如别人的话让你觉得心烦意乱、疑惑、受到冒犯，但你从来没意识到这一切都是误会。下次再遇到这种情况，请你想想这句四字口诀：

与我无关

下一次你在自责的悬崖边缘岌岌可危时，请说"与我无关"！

怎样才能实现雪花（以积极为导向）和仙人掌（以成效为导向）的更好互动模式？答案是停止揣摩他人的意图，转而调整自己的心态。

我还记得一位高管在他的退休活动上的讲话。

他分享了自己辉煌的职业生涯中最重要的一些经验教训。其中一点我让我很有感触：

> 如果你百分百确定一件事，那么你肯定错了。

几十年来，他处理了许多棘手的情况。他发现，人们总是坚持自己的观点，但没有一个人真正考虑了事情的全貌。对一件事越是确定，越是应该退后一步，再看看。

巧克力豆与摇滚演出

20世纪70年代，偶像摇滚乐队范·哈伦在音乐圈崭露头角。在主唱大卫·李·罗斯的领军下，称霸硬摇滚界几十年。有报道称，他们的演出场地合同里有一条条款是：后台需准备M&M牌彩虹巧克力豆，并且特别说明——里面不能有棕色的。合同中还有密密麻麻一长串有关演唱会舞台音效、灯光、场地安全等重要规定，这个条款"淹没"在这些规定中，并不起眼儿。

乍一看，挑选糖果颜色的这种要求好像很离谱，更不用说还写进条款，做不到还要开除员工。

要怎么解释这件事？

对于这样一条条款，雪花可能觉得不公平，仙人掌可能觉得不合理。但是如果他们了解事情的全貌以及背后的缘由，就不会这么想了。

范·哈伦后来给出了解释：他们在合同里面悄悄加进这一条条款，是为了确认合约方是否仔细阅读了合同里的每一条条款,也是为了方便检验那些保证演出效果和安全性的重要规定有没有被漏读。

朋友,你搞砸了!

对方没问你意见的时候,提建议要谨慎,而且要说清楚为什么你一定要提这个建议。

很多时候,发表观点、提供帮助是善意之举,但有些情况下,提建议往往不会带来好结果。有个方法可以帮我们做出判断。在建议之前想一想这个问题:当前的情况还有挽回的余地吗?

你认为对方做出了一个错误决定,比如:不应该搬家;不应该花那么多钱;做那个没必要的手术;不需要发那封邮件。如果对方已经这样做了,再去向对方强调他做错了是无济于事的,你要做的是倾听,给对方一些继续前进的动力。这样就足够体现你的尊重了。

提示清单

◆ 践行铂金法则:以他人想要的方式对待他人

◆ 根据不同情况,展现多面性

◆ 最有效的做法是管好自己

第 4 章

零事件

> 在听不到音乐的人眼里,跳舞的那个人是疯子。
>
> ——弗里德里希·尼采

突击测验

树倒了,怎么办?

问:森林里有一棵树倒了。一个人看到觉得很难过,另一个从旁边走过,熟视无睹。谁是对的?

答:这是一个哲学难题!它无解。

如果"无意义事件"其实是"头等大事","头等大事"其实"没意义",会怎么样?

零事件

终于要介绍这个概念了,你不知道我有多激动。希望你读完接下来几页的内容,能和我一起歌颂它的价值。我敢肯定。

如果把握了这个概念,你的人际关系会得到极大改善。如果无视它,小心遇上大麻烦。

人际冲突的根源并不是人持有的观点不同,更多是感知上的差距,即对现实的体验出现了"脱节"。

另一种现实

也许你对"无意义事件"已经有了亲身体验。下面就是一个典型场景。

你是个雪花。眼前发生的事情深深触动了你,你甚至把它看作是一个"里程碑"事件。你和身边的一个仙人掌进行讨论。

事情发生的时候这个仙人掌就在你旁边,但他完全不知道发生了什么。不是他走神了,而是在他的世界里什么也没有发生!

大风

想象一个凛冽的冬日,刮着六级强风。虽然还没有达到飓风的程度,但已经足够影响一个雪花的正常轨迹,让雪花从悠然飘落变成了随风乱舞。到了晚上，雪花已是精疲力竭。

现在我们到仙人掌那儿看看。那里的风力同样强劲。可是仙人掌丝毫没有受到影响，他甚至没注意到今天刮了六级风。对于一个典型的仙人掌来说，这场风就是零事件。

雪花 = 出大事了

仙人掌 = 无事发生

为什么强调这一点？因为这意味着，有些人对大风的反应在雪花看来很正常，但仙人掌眼里可能就是过度反应。

我有一个请求。读完这一页开始，请你不要对他人的反应妄加评判。同一客观现实的不同认知，通常被贴上"不准确""短浅"，甚至"荒唐"的标签。可是要知道，现实中，雪花和仙人掌对同一事件的感受往往是相反的。在不同类型的人眼中，总有一种感受是不正确的。

下次他人对事情的反应让你百思不得其解的时候，试试这个实用法则：

不要用你的想法判断别人的行为

如果有一件事我完全无感，但却让你从"悠然飘落"变成了"随风乱舞"，我可能会觉得你的反应过度了。很有可能我会对你说："你不该这样。"但其实，我之前的无感已经让你觉得很受伤，这句漫不经心地评论更是雪上加霜，使得你我之间的关系急剧下降。

零事件是相互的，没有人能免于受伤。

一件在我眼中很有意义的事，可能对别人来说只是个零事件：

- 邻居路过的时候没和我打招呼
- 电梯里有同事无视了我
- 我和家人分享了一则大新闻，他一点反应也没有

同样，一件他人眼中很有意义的事可能对我来说只是个零事件：

- 朋友说了句不太礼貌的话，我没有回答
- 同事开会迟到了，我没注意到，所以没打招呼
- 突然提高音量让同事觉得很恼火，我则没什么感觉

进入元状态

热烈迎接元状态！（我知道你们的反应：掌声稀稀拉拉，打算等下溜去喝口茶。）

"元状态"这个概念一眼看上去有点深奥，所以一个简单明了的定义是避免糊涂的好办法：

元状态是我们对于想法和感受的本能反应

我们对事件做出的本能反应就是初始状态。"我很失望"

雪花与仙人掌

就是一个典型的初始状态。

相比"好奇"这种一级的状态，元状态发生在一个更高级、更能动的意识层面，通常指向一种更高阶的认知。例如：

- 我注意到自己饿了
- 我很反感他的评论
- 我想知道我为什么失望

元状态的价值在于给我们创造了反思自己和自己过去经历的机会，从而改变和创造自己的未来。

神经语言加工

对元状态的探索的方法论基础来自神经语言加工（NLP）。我在这个领域有一定资历，已经把其中的不少原则运用在本书中。简单来说，神经语言加工包含了各种构建人际关系、参与现实交往的系统。它还能让我们更有效地利用自然语言和肢体语言进行沟通。

我猜可能有点难懂。这只是一点儿背景知识，不理解也不会影响接下来的阅读，就像在砂锅鱼汤里加点儿蔬菜，你不会注意到有什么差别。

重构反应

进入元状态也可以重构我们对他人的看法。

也许你对一件事的反应在我眼里不可理喻，我的本能反应是有点恼火。这时候，我会进行一个"微停顿"，让自己进入一个元状态。我开始这么想：嗯，我看到艾莉上次开会时就不怎么高兴。面对同样一件事，我们的感受好像是反的。既然如此，试试能不能找到我们之间的共识。

我避免了本能反应的影响。现在我的感受并不是愤怒，而是成了好奇。就这样，紧绷的弦松了下来，发生了重构反应。

新手上路

"可以！"

我的客户伊恩是个雪花。他非常沮丧地给我打电话，说不想再和一个仙人掌同事一起工作了。用伊恩自己的话说，局面已经"无法挽回"。他一再感到这个同事不尊重他，还贬低他。我让他详细说说。

"举一个最近的例子吧。不止这一次哦，一直是这样！我们部门正在制定一项重大的拨款提案，于是周末我写了一封邮件邀请他加入。我花了一整天时间写邮件，反复推敲我的措辞，星期一早上九点半准时给他发了过去。几分钟后，他回了一句：'可以。'"

伊恩停下来等待我的反应。

不瞒你说，我没觉得有什么不对，于是我等着他继续。

"我不能理解，他怎么这么不屑一顾？"这是伊恩的总结。"当然了，如果他写'可以！'加了感叹号，那就另当别论了。"

不骗你，听完我更摸不着头脑了。"等等，他答应了对吧？而且答应得很快？"

"嗯……答应倒是答应了。"伊恩不情愿地承认，"但他的回复也太随便了，好像一点儿也没考虑。"

要我直说，这可能只是星期一早上要处理的邮件太多了。这一整个过程在回邮件的同事眼里肯定是一个"零事件"。但是这种情况下，光劝伊恩别想太多是没用的。正好他们当天晚上要一起开会讨论其他工作。我让他找个机会和这个同事开诚布公地谈一谈自己的想法，也给同事一个解释的机会。

最后伊恩告诉我，问题解决了。他说，以后无论别人说"可以"时加没加感叹号，他都不会再那样反应了。

工具间

情绪量尺

这是一个实用的小工具，在"情绪失控"（这是一个术语）

的时候能派上用场。想象一下你和同事发生了争执,你的情绪失控了。你很生气,觉得这一切实在是太不公平了!这时候,我闪亮登场,身后的披风随风轻摆,帅气地递给你一把漂亮的传统木尺,让你随身带着。下一次你情绪失控时就把这把尺子拿出来。最好放在一个显眼的地方,方便下次再用。

第一步:

问问自己,在 1 到 12 的范围内,当前情况的重要性处于什么位置? 1= 无关紧要。12 = 宇宙大爆炸。

在尺上标出当前情况所在的位置。我猜大部分情况都不会超过个位数。

第二步:

问问自己,一年之后我有多大可能还记得这件事?恕我直言,绝大多数情况下你的回答都是:可能性极小。

小测验

象征与实用

一个雪花参加了跑步比赛,只得到了一件 T 恤。他为比赛做了很多准备,可惜没有获得理想的名次,因为刚跑到赛程的三分之二就不小心在路边绊倒了,一只脚脚踝严重扭伤。比赛结束之后,他没能如愿进入金牌选手圈子,还孤零零地在病房待了两个多月。

问题 1　这个雪花会再穿这件 T 恤吗?

　　你的回答(包括原因):_____

问题 2　如果是仙人掌,会再穿这件 T 恤吗?

　　你的回答(包括原因):_____

答案 1

　　雪花:"我再也不会穿了。我一看到那件 T 恤就会想到不愉快的事情,感觉它会给我带来坏运气。不用再多说,我这就把它捐出去。"

答案 2

　　仙人掌:"当然会啊。这个问题好像不合逻辑。T 恤是免费的,干净又合身。干吗不穿。"

　　在雪花眼里,T 恤的来源成了不幸的象征。但在仙人掌眼里,这只是个"零事件"。

　　"零事件"这个概念之所以重要,就在于它的通用性。即使是一把平平无奇的尺子,也可以帮你转变内心,无须再求助于他人。

　　好好倾听来自内心的声音,再转变一下看问题的视角,可以将你眼中的"大事件"瞬间缩小为"零事件",消失速度比打折商店的存货还快。

对话还是冲突

雪花的性格是"回避冲突"型吗?没这么简单。雪花和仙人掌对冲突的感知是不同的。就像你在高档品酒会上品尝了一杯酒,脑海里冒出一个想法:"这应该是红酒吧",此时此刻你的分析还在表象上。

假设一个雪花和一个仙人掌正在通电话。他们是同事,聊完正事之后,仙人掌转移了话题,问雪花对当前一个头条事件的看法。雪花试着做了些回答,不料仙人掌对雪花的观点一顿批驳,很快通话就结束了。从这位雪花同事的角度来看:发生了什么?好好的一通电话,结果以吵架终结。他感到莫名其妙、痛苦万分。为什么会吵架?他那天晚上睡不着觉,一遍遍地回忆当时的通话,想着怎么才能与同事和好。因为这个突发事件,他感觉到自己饱受煎熬。

让我们来到沙漠看看仙人掌。她的心情很好。因为正在居家工作,她很渴望找人聊一些与工作无关的事情,而和同事来一场激烈的辩论,正是缓解压力的提神剂。她很享受这场讨论带来的启迪,甚至还小酌了一杯。煎熬?在仙人掌的沙漠花园里,这是"零事件"。

雪花回避"冲突"是否是为了避免内心的煎熬?在这里,我们关心的问题不是这个,我们真正的问题是:哪些事件在雪花眼中是"冲突"?上述场景在雪花眼里是冲突,但仙人掌却觉得振奋人心。同一个事件对雪花来说是负面的,却给仙人掌带去了积极影响。

你看,只是随意聊几句,在一方的眼中可能成了一场争论、一次冲突。所以,警惕"滑坡效应",小心滑倒哦。

小心滑倒

争吵

仙人掌从他们眼中的良性竞争中获得乐趣——甚至对此很期待。雪花觉得这话听上去很矛盾。谁会把友好和竞争这两个词放在一起?竞争这个词能提高雪花和仙人掌两种性格的肾上腺素,但却是出于截然不同的原因。仙人掌精神焕发,体内充满了积极的能量;雪花则严阵以待,准备鏖战或逃离。前方危险!

一场益智的比拼能让仙人掌斗志昂扬,但同样的场景可能让雪花焦虑不安。你猜我要说什么?是的,哪种反应都没有错。

我怎么可以那么没礼貌?

有次我和一位同事聊天,她碰巧是个仙人掌。对,已经是好几天前的事情了。当时我说了句不该说的话,可能会被误解为在

第 4 章 零事件

贬低她。我一直后悔自己说了那句话，觉得实在是不能原谅，可直到一个星期之后才有机会和她说上话。我一心认为自己一手破坏了我们之间的关系，绞尽脑汁想如何在下次弥补一下。

结果是我杞人忧天了。一周后和她连线的时候，她还像往常那样幽默、活跃、热情地向我打招呼。从她的角度来看，上次我说的那句话是典型的"零事件"。我松了一口气，同时又感到一丝嫉妒。这样多好！毫不费力就忽视了那些贬损的语言，甚至可能丝毫没有受到影响。当然了，毕竟我不是仙人掌，没法完全体会她的感受。

我把这件事告诉了另一个仙人掌。她补充了自己的看法：判断一句话是不是"不该说"，很大程度上取决于对方和自己的关系。这话很精辟。

下一棒我将评论传给了一个雪花。雪花回应：发表言论时，谨慎行事总比粗心大意好。在她看来，"有谁会在接受他人道歉的时候感到被冒犯呢？"

我又把话传给了一个仙人掌。她回应说，如果对方为一件事道歉好几次，或者因为鸡毛蒜皮的小事不停地道歉，多少会让人感到有些烦。她建议雪花不要"因担心自己是不是说了不该说的话而失眠或担心"。不用再问很多雪花我也知道，这个出于好心的建议说起来容易做起来难。

就是这样，不同性格的感受像一个跷跷板，你激烈、高亢的感受的另一端，可能只是安全的零事件。

小心滑倒

致命弱点

大多数人都有一到两个"致命弱点"*。有些弱点的不同源于气质的不同,这些弱点通常隐藏在我们的潜意识中,这也无意中增加了潜在的风险。接下来,我们想要做点小小的公益活动,为每一种性格的"致命弱点"举一两个常见的例子。

内疚:雪花的窘境

不论你信不信,大多数雪花都有内疚的毛病。不是所有的雪花都像水晶那般完美无瑕,透着圣洁的微光。雪花时常难以摆脱内疚的困扰,甚至可能被这种情感压制,一天都提不起精神。他们内疚的原因可能是最近发生的某件事,也可能无端端地感到一阵内疚,没有什么缘由。

不过我们得承认,雪花也会有把错误归咎到外部原因的时候。他们甚至可能在开会的时候像踢皮球一样把责任推卸给别人。

总之,内疚是雪花的致命弱点。

---

* 指强者的致命弱点,源自希腊神话中的《阿喀琉斯之踵》。

第 4 章 零事件

新手上路

困难的交流

雪花图书编辑诺亚向我吐露了他的经历。

他受邀参加一个出版界的高层会议,与会人员都是业界大佬。主办方问参会者在工作中有没有什么"老大难"问题,可以提出来一起讨论解决。诺亚迫不及待地举手提问,他说:"我发现,经常有作者对书的封面不满意。我老是遇到这种情况,真的很烦。请问,应该怎么沟通?"

他说完后,会场一片寂静。业界大佬都一脸困惑,一看就没明白诺亚的意思。在所有人眼中,答案几乎是明摆着的。最后终于有个人说话了:"就直接说啊!"

同样,也有些问题在仙人掌编辑眼里是问题,比如审核、申请……但严格说来,这些对雪花都不算问题。

零事件!这就是生活。

语气:仙人掌的难题

仙人掌不怎么考虑说话的语气,甚至不懂为什么有人会对语气这么介意。对仙人掌来说,沟通就要单刀直入,就像真空包装的原味牛肉干一样不加任何佐料。有的话听上去像指责,雪花听着可能不舒服,但在仙人掌眼里就是个典型的零事件。

有时候仙人掌一句话说得不好就可能让雪花决定终止来往。

雪花对语气的在意程度不亚于内容,语气甚至可能决定沟通的成败。

请你来体会一下这句话:"你想干什么?"同样一句话,倘若轻轻地说出口,语气轻快,可能意味着说话人饶有兴趣。倘若语气粗暴,皱着眉头,把重音放在"你"上,听上去就来者不善。然而,很多仙人掌可能意识不到语气的差别——即使意识到,也觉得不重要。

在书面沟通中,语气的重要性也不容小觑。书面语的情况更加复杂,因为我们自己的"解读"尝尝盖过他人的文字内容。用什么办法才能知道书面语气背后是否包含更深层的含义?第一,除非我们和对方很熟,否则很难;其次,有时书面语气似乎过于惹眼;更糟的情况是,被错误解读。

我们举一个很能说明问题的例子吧。

新手上路

上门拜访

米里亚姆最近开始居家工作,负责给公司接下来举办的活动申请许可。她提前两个月就按要求提交了相关的材料,可截止日期已经迫在眉睫,她还没有收到回复。于是,她发邮件向有关部门询问情况。邮件是这样写的:"我们的许可证什么时候能批下来?我在10月份就提交了材料。谢谢!"

当天下午她就收到了回复,对方的回答却出乎她的意料。

"上个月我亲自去你家发许可证,去了两次。敲门一直没人应答。——加里"

米里亚姆气呆了。虽然刚刚开始远程办公,但她很清楚地居家和在公司办公的不同。送到办公楼被前台保安拦住是一码事,未经通知就造访别人的私人住所是另一码事!这人凭什么觉得她应该开门?

在米里亚姆看来,加里完全是在含糊其词、妄加指控。米里亚姆觉得加里百分百是个仙人掌——和她自己一样。她还和邻居詹姆斯聊起了这件事,但詹姆斯给出了另一种可能的思路。他觉得,从加里的角度来看,大老远亲自过来发证件,已经超出了他的本职工作范围,是一种示好和尽责。他想如果两个人能抛开成见,面对面坐在一起聊一聊,或许能解开彼此的误会。

后记:

几个月后,米里亚姆和加里在一次公司活动中见到彼此。不同于书面沟通,他们见面后聊得很融洽,并成了朋友。米里亚姆发现詹姆斯是对的。事实证明,加里确实习惯于在工作中"多做一步"。从这个例子可以看出,面对面沟通的重要性不容小觑。

内化和投射

与零事件相关的一个心理学概念是内化。让我们从最基本的定义开始。

内化：把他人的价值观、文化、习惯和内在框架融入自我。

雪花很喜欢假定他人的情绪。想象有个心情平静的雪花在开会，他（她）本来心情平静，但是却遇到一个情绪激动的同事。雪花的情绪很快被同事调动起来，也开始激动，这就是一种内化。

然而，有时我们会无中生有。尤其对于容易情绪化的雪花，这是一个大难题。因为他们可能会假定他人的生活状态。

看看这个例子。某天达芙妮来上班的时候情绪很低落。她的同事格伦发现自己也跟着变得很沮丧。他假定了达芙妮的情绪并将其内化。可是，如果格伦误会了怎么办？也许达芙妮走进办公室的时候表情悲伤只是因为沉浸在她前一天晚上读的悲情故事里。换句话说，格伦的反应可能基于一个"零事件"。他真正内化的，是他自己的认知。

投射也会造成类似的情况。这个概念有很多维度，可以简单概括为一句话。

投射：将自己的感受、顾虑等转移给他人。

我要举信息工程师巴尔布的例子来解释这个概念。

巴尔布刚换了新工作,这项工作对技术能力要求很高。她觉得很紧张,怀疑自己是否有资格在这个职位做下去。项目会议上,她经常感觉自己提的建议没有人回应,于是忍不住开始抱怨同事不重视她的意见。她的同事却说没有这回事,强调说巴尔布的想法都很好,他们只是挑不出毛病才没有讲话而已。你看,由于巴尔布对自己缺乏自信,她把这种怀疑投射在周围的同事身上,原本一个"零事件"就这样掀起了一场风波。

请记住,每一天你都可能经历"内化"或"投射",无意中放大一个"零事件"。尤其是雪花,你们要小心了。关注现实,不要总是活在自己的世界里。

现在,我们对"零事件"的了解更加全面了。现实让人如此头痛,"零事件"真是药到病除啊。

豆子黏鼻子

"豆子黏鼻子"很好记,用来喻指有些事情本来运行得很好,我们却无中生有,结果反而惹是生非。

想象这样一个场景。你是一名小学老师,正在带班里的学生用干豆*做创意手工，要用白色胶水把彩色干豆黏在硬帆布上形成图案。大家都非常期待，开始进行得很顺利，"小艺术家"们都很专心，在布上创造出很多独特的形象。没想到，接着你犯了一个大错误。你无缘无故地提醒学生们说："孩子们，别把豆子黏在鼻子上了。"学生们从自己的艺术梦想中惊醒，现在只能想到一件事——豆子黏鼻子。

每个人都可能犯这样的错误。想象你马上要参加一家知名广告公司的面试。你想都没想，脱口而出："上周我在某某公司（某某＝此公司最大的竞争对手）的面试上摔了一跤，从那以后，我就一直盼着这次面试呢。"

去应聘传媒总监，正要进入第二轮面试，你突然冒出来一句："不过呢，我远程办公的经验不多。我总是搞砸我们公司的线上会议。"

再看这个："我原本打算穿另一件衣服来面试的，但我的橙汁洒在上面了，只好换了这件很难看的。请你别介意。"

你是否正在将对方的注意力吸引到他们可能从没想过的事情上？这样是否会阻碍你的成功？

学会控场。不要：

- 披露可能出错的方面
- 引导对方再次审视

---

* 晒干的豆子，美国餐桌上的常见食物。

- 主动露出马脚
- 说出不该做的事

拜托了！开口说话前先过一过脑子：这是不是"豆子黏鼻子"？简单来说，不要轻易暗示。如果对方很敏感，尤其小心。

提示清单

◆ 一个人眼中的大事，另一个人眼中可能是"零事件"
◆ 元状态可以启发和改善我们面对情况的原始反应
◆ 不要犯"豆子黏鼻子"的错误

第 5 章

思维 语言 行动
你能掌握的三件事

> 别再让你的思维、感受和情绪受无关紧要的人摆布。
>
> ——威尔·史密斯

如果让你给别人的工作提些改进意见,你肯定有不少好点子。毕竟,每天有那么多离谱事件正在上演。

可惜,我们真的花了太多精力对他人评头论足。就像你煮一杯咖啡来提神,结果把它倒进了下水道。你觉得这样有用吗?

集中注意力提升自己,而不是试图纠正他人,也不是改变环境,更不是扭转现实——那都是徒劳的。小可爱,让我告诉你该怎么做。有三件事是你能掌控的:你的思维,你的语言,你的行动。这就够了。

思想 + 语言 + 行动 = 思言行

从今天开始,你自由了。不用再管你掌控不了的事情,事实是——几乎所有事情都不是你能掌控的。

终于解脱了！这下任务简单多了。

你知道除了拿到一份软塌塌的炸薯条外卖，还有什么东西会让我抓狂吗？

是那些糊弄人的T恤和海报！上面印着这种口号："你什么都能做到！只需要用脑（针对仙人掌）/用心（针对雪花）。"现实情况是，大多数人能做到的很少，做不到的很多。

我不是要泼冷水。恰恰相反，我们可以从中得到一些启发。来吧，一起想想看。纷繁复杂的现实世界里，你无法控制你的昨天和明天，尤其是已经过去的事情，远远超出了我们的能力范围。然而，我们花大量的时间沉湎于过去。

你能做的，就是做好此刻的自己。能做到这一点，这就够让你忙碌又充实地过完一辈子了。所以，不如调整目标，试试看？

把思言行协调好，能帮我们调整生活习惯，增加幸福感，改善人际关系。不要指望着别人能控制好他们的思言行，大多数人还没到那个程度呢。随他们去吧。掌控可以控制的，放手不能控制的，生活会更加美好。

思维

"生活滤镜"是我们探索内心世界的起点，它可能是根植于我们大脑的思维模式、根深蒂固的记忆,或近期的形势变化。

短期的、阶段性的"生活滤镜"包括:
- 一切都出乎意料完美的一天
- 联系上了失散多年的朋友
- 感觉打不起精神
- 晚饭烧煳了
- 汽车没油(或者体力耗尽)

根深蒂固的"生活滤镜"包括:
- 幼年记忆
- 心灵创伤
- 人生大事
- 重要关系

长期的"生活滤镜"也可能来自某些后天形成的信念,比如:
- 我是个靠谱的人
- 任何人都不能信任
- 责任不在我
- 错误可以避免
- 人们是出于好意

"生活滤镜"（不管是短期和长期的）会影响思维的潮起潮落。仙人掌更倾向于从经验中吸取生活教训，而雪花则希望追问更深层次的意义。但无论哪种思维方式，想百分百控制我们的思维几乎是不可能的。

有些自称灵性大师的人说他们可以控制自己的思维清空。然而，世界上绝大多数都是普通人。灵性大师有点像好莱坞大片里构想出的完美人类，在他们身上，99.9999%的人类看到了自己的不足。（好吧，其实没有真的去做统计分析，我只不过一直在按数字 9 键。）

如今，禅修班和心灵疗愈课都在打广告，说普通人也能做到"思维掌控"。然而，大多数人面对着朝九晚五的工作、家庭的重担和七嘴八舌的亲朋好友，"思维掌控"听上去还是难了一点儿。我们暂且退一步说"思维探查"吧。其实还是有用的。有点儿像大厨做菜的时候省去了几味调料，但整体尝起来相差不远。

我们这些普通的凡人能怎么做？继续往下读吧。

自我对话

自我对话是我们和自己沟通的方式。自我对话通常不发出声音，但也不排除有的人会低声碎碎念。有些想法是向外的，通常关乎超出我们掌控的事情。另一些想法是向内的，关乎我们自身的想法、语言和行动。

我们可以把自我对话看作身体里的一个录音机，用于录制我们心理活动的"声音"。把录下的内容转写成文字，文字的内容就是我们的想法。我们为什么会自我对话呢？这关系到我们身处的情境。有的自我对话是消极的，内容多半有关自己做了什么错事；也有时候是积极的，比如夸自己工作做得出色。

有些自我对话完全是徒劳无功，比如：我真不该那样想。这样的话有什么用呢？毕竟事实是你已经那样想了。为一个已经产生的念头，你要惩罚自己吗？听上去没有任何意义。

相反，你应该冷静下来，告诉自己："看，对于这件事，我当时是那样想的。有没有更好的想法？"一步一步学会认识、接纳、改善我们的思维方式，建立自己"自言自语"的体系。把这个过程看作一次心灵健美操吧。

工具间

认识、接纳、改善

欢迎来到"认识、接纳、改善"三步走思维模式。还揪着那个错误想法不肯放过自己吗？只需三步，这个思维模式帮你从自责中轻松脱身：

第一步：认识到自己的想法不合理

第二步：不要评判，接受自己的想法

第三步：在原来想法的基础上寻求改进。想想有什么更好的办法，而不是一直回想。

这个思维模式对雪花和仙人掌都很有用。雪花就不用说了，以他们的性格，很有可能揪住负面的念头不放。相比之下，仙人掌的性格本身不易受到负面思维模式的影响。但考虑到他们做事讲求实用性和系统性，这个模式倒也十分适用。所以，两种性格都能从中获益良多。

要是以后你又在消极地自我对话，别忘记试试"认识、接纳、改善"三步走思维模式。再提醒一句，尝试本节中提到的任何工具时，你都要记得：

思维 ≠ 事实

思维非常重要。我们的思维习惯是一步一步养成的。沉浸在自己的信念模式中越久，思考事物的方式就会成为惯性。然而，思维没有对错真假。

自我对话和"认识、接纳、改善"都指引我们探索自己的内心，目的是缓解我们内心的挣扎。"思维掌控"则比较兼顾现实中的情况。下面一个例子中，我们将看到思维方式的转变

如何改善现实中的人际关系。

新手上路

他就是这样儿

必须承认,有的人真的很烦。

娜奥米是个雪花,她在交通行业工作,是公司的高级主管。她们公司的仙人掌总裁爱德华多一直让她很伤脑筋。虽然爱德华多对娜奥米的工作十分认可,但他的评价总让娜奥米听着不舒服。她心里知道爱德华多没有冒犯的意思,但即使已经下班,她心里还是放不下。

这时候她来了灵感。不需要什么改变性格的魔法,一个简单的念头就让她彻底想通了。娜奥米开始在内心里提醒自己:爱德华多说话就这样。

就这样,她立刻就想通了。她也停止了猜测爱德华多话里的其他"深意"。通过转变思维模式,娜奥米畅快地摆脱了思维惯性,让内心的烦恼及时止损。

你也可以和娜奥米一样掌控自己的思维。

专注于你能做什么

不停告诉别人"别受到思想的控制"是幼稚的行为,因为神经科学家告诉我们:

> 我们没法让自己的大脑不做某事
> 只能让它去做某事

特蕾莎修女应该很有体会。她说过:"我永远不会参加反战集会。不过,要是有和平集会,请记得邀请我。"

怀疑自己的时候,要坚信大脑这个核心能力。你可以重写剧本,去行动,想办法带来转机,而不是一直逃避消极的情况。这意味着,每次有人提醒你"别忘了",你完全可以傲气地回他:"错了,你应该说'要记得'",然后潇洒地离开。

语言

语言太重要了。既然我是个作家,说出这话你可能不会全信。不过,这话放在今天肯定没有过时。至少把它当作一句流行金句吧。

还记得你曾经低潮的日子吗?有人给了你一句鼓励,你靠着那句话熬了过来。我想你已经认识到了语言的力量。想必你同样给过别人这样的鼓励,虽然你不一定记得了。

认识到语言的力量是朝着正确方向迈出的一步,接下来是利用这种认识。生活中,可以有意识地使用深思熟虑、恰如其分、真情实感的语言改变他人思维方式。

如果你想用语言给人启迪,你可能得熟练掌握仙人掌和雪花各自的"口音",并学会切换自如。

工具间

语言调试

正如前文所说,雪花跟随内心,仙人掌跟随头脑。尽管每个人都会思考、感受,但雪花最大的特点就是随感觉,仙人掌则是爱思考。

也许是命中注定吧,"思考"和"感觉"在许多语言中都是最基本的词汇,而且这两个意思经常能用同一个词表达。

另外,实际上"我感觉……"就是雪花常挂在嘴边的话,而仙人掌的确偏爱"思考"这个词,包括这一系列的动词、名词,如雪花的"感到""感觉"和"感受",仙人掌的"认为"和"思想"等。

关注人说话的方式对了解人的性格大有作用。强"仙人掌"性格的人似乎非常爱说"我认为""我的想法",而"我感觉""我的感受"当然是强"雪花"性格的口头禅。也有些人对这两类词没有特别的偏好,使用也比较平均,那就说明他们可能位于性格坐标轴的中间。

大多数人意识不到这些,但我们可以。你可以有意识地调整说话的方式,利用这个技巧模仿他人说话的风格,从而增强团队凝聚力,提升你的话语权。具体怎么做呢?现在我们就去"三步"小道上散散步吧。

第一步　记录

听到别人说"我认为"或"我感觉",把它们记下来。开会再也不无聊了!记录他人如何使用这两个词语是很有趣的。其实,这个小实验随时随地都能做,哪怕你一个人没人说话时,也可以想想歌词、电视剧、新闻评论、小短文之类,然后进行记录。

情景对话

想象我们在偷听一段对话,说话的两个人都刚读了这本书。

现在，留心捕捉每个人的关键词。斜体字会给我们一些提示。

"C"生活在亚利桑那州的索诺兰沙漠。

"S"则来自在北极圈的边缘。

你应该明白我的意思。不管那么多了，开始吧。

C：读了那本书，你有什么想法？

S：我觉得很受启发。

C：你认为有实际效果吗？

S：我不知道。不过这本书写得很感性，这一点我很满意。

C：你确实够感性的了。我说的是实用！

S：你凶什么？莫名其妙。

我想你已经意识到了，他们俩说的不是"同一种语言"。你大概也会猜想，导致对话破裂的还有语气。

第二步　扩充

此时，我们可以进一步了解大脑的内部运作。你需要扩充目标词汇，包括"敏感"和"实用"这两员大将（这一点在对话案例中已经有所展现）。

下面列出了两种性格经常使用的词语：

仙人掌常用词语

分析	统一	公平
逻辑	实际	使用
原则	依据	效果

雪花常用词语

体贴	怜悯	同感
和谐	愤慨	善良
敏感	共情	智慧

此外,还有一种是一般语言,或者叫中性语言。这些词语没有特殊的性格偏向。

中性词语

相信	经历	知道
体察	意识	认识
看似	觉察	理解

第三步 转换

练习调试,或转换你的语言风格。

尝试做几轮小练习:

你对这件事有什么想法？▶ 这件事，你是什么感觉？
我认为这篇推文值得一读。▶ 我感觉这篇推文非常正能量。
你认为这期节目怎么样？▶ 听这期节目你感觉如何？
我受不了耳根子软的人。▶ 我受不了粗暴无礼的人。
矛盾冲突是好事 ▶ 矛盾冲突很折磨人
我认为这门课很实用 ▶ 我感觉这门课挺好的

语言灵活度

调动语言灵活度的好处有：
- 和性格相反的人建立融洽关系
- 在性格多样的团体中有效沟通
- 工作中维持良好的人际关系
- 改进产品和服务并提高销量

咬文嚼字会有什么作用？有一次，我无意中听到一个律师在咖啡厅打电话时大发雷霆（谁会听不见呢？）。他很自信，至少可以说很坚持己见。他应该是在和助手打电话，情况大概是对方在案情摘要的开头来了这样一句："原告感觉……"律师看到后简直崩溃了。"谁（脏话）在乎他的感受！当时究竟发生了什么？我要的是事实！"

我想，这件事至少让我们学了一点法律："感觉"这种词语在法庭上是站不住脚的。要是你去面试律师职业,记得用中性词语。这几句可以记下来:"原告经历了……""原告明白……";"原告理解……"。我确信,有一天它们会派上用场的。

工作单

转换语言

A. 用你"基本性格"的常用词语造五个句子。

1.＿＿＿＿＿＿＿＿＿＿＿＿＿＿＿＿＿＿＿＿＿＿＿＿
2.＿＿＿＿＿＿＿＿＿＿＿＿＿＿＿＿＿＿＿＿＿＿＿＿
3.＿＿＿＿＿＿＿＿＿＿＿＿＿＿＿＿＿＿＿＿＿＿＿＿
4.＿＿＿＿＿＿＿＿＿＿＿＿＿＿＿＿＿＿＿＿＿＿＿＿
5.＿＿＿＿＿＿＿＿＿＿＿＿＿＿＿＿＿＿＿＿＿＿＿＿

B. 用中性语言替换你的惯用表达

1.＿＿＿＿＿＿＿＿＿＿＿＿＿＿＿＿＿＿＿＿＿＿＿＿
2.＿＿＿＿＿＿＿＿＿＿＿＿＿＿＿＿＿＿＿＿＿＿＿＿
3.＿＿＿＿＿＿＿＿＿＿＿＿＿＿＿＿＿＿＿＿＿＿＿＿
4.＿＿＿＿＿＿＿＿＿＿＿＿＿＿＿＿＿＿＿＿＿＿＿＿
5.＿＿＿＿＿＿＿＿＿＿＿＿＿＿＿＿＿＿＿＿＿＿＿＿

C. 把你"基本性格"的常用词换成相反性格的常用词

1._____
2._____
3._____
4._____
5._____

答案示范

雪花版本

A. 刚刚开会没人重视我的意见,我感觉到了。

B. 会议上没人重视我的意见,我相信是这样。

C. 我认为,会议上没人重视我的意见。

仙人掌版本

A. 剖析不同的观点是很有必要的。

B. 认识到人们观点不同很重要。

C. 要理解不同的观点。

如果你想改变他人的想法,请控制自己不要触及他人的价值观,而是提出一个让对方打心底里产生共鸣的理由。这些理由通常和人内心的价值取向相关,比如雪花对人的影响、人与人之间的联结、善意等感兴趣。仙人掌则更关注灵活性、事情的得失和结果。

和不熟悉的人沟通时，首选两种性格都有共鸣的词汇。善用语言的力量，从灵活调整书面和口头表达开始吧。

行为

前面我们多次提到，你无法控制他人。但是，用行动影响他人绝对是可能的。通过"多面风格"（详见第3章），你可以培养出多样的行为风格。了解行为的原因只是一个起点，而非终点。

性格是行为的原因，但不是借口

"噢！我是个雪花/仙人掌，所以我做不了＿＿＿＿。"——我们了解行为的动因不是用来发表这种声明的，请你打消这种念头。转换一下思维："噢！我是个雪花/仙人掌，所以＿＿＿＿对我来说这么难！但是我敏锐的洞察力想必也能提高我的办事效率。"

回想一下，我们从认识"思维"模式开始，然后来到"语言"，探讨了语言的含义、语言如何表达思维。下一步，我们自然要和自己的"行为"面对面。具体来说，我们将探索有意识的行为会有什么益处。

雪花处事灵活变通，仙人掌直截了当，不同的行为风格体现了两个阵营的典型性格。然而，无论你属于性格坐标轴的哪一边，都可以像另一端一样行事来达成自己的目的。

新手上路

灵活还是直接？

马修是一个大学英语老师。他的性格偏雪花，处事灵活变通，很擅长活跃课堂氛围。有时也会遇到一两个学生扰乱课堂秩序。遇到这种情况，他的应对方案通常是这样的："我的策略是引导学生慢慢回到正轨。比如不经意地提两句课堂规范，学生通常就会有所收敛。但是上学期，一个学生上课总是打断别人来发表自己的观点。要是不制止他，我们就没法进行课堂研讨。我知道他不是故意的，但我通常的处理方式对他不管用。"

因为这个学生，课上其他的学生没办法融洽地合作讨论。在这种情况下，马修意识到他必须采取更"仙人掌"的立场，才能维护学生的课堂利益。

"我得调整自己的风格，直接一点。我把这个学生拉到一边跟他说，研讨课上要学会聆听他人的观点，给别人说话的机会。接着我们一起想了几个调整的策略，很成功。"

影响他人的行为不一定非要给人施加压力或强迫他人，更好的办法是先去了解他人真正的需求。比起强行灌输自己的观点，这种方式显然有效得多。

切身利益

有没有一个人的行为你非常看不过眼？

别提太过分的要求，也别威逼利诱。你只要密切地关注对方，专注于他们的利益诉求。切身利益（PRB）因人而异，因此这又是一个应用"两步"分析模型的大好机会（见第 2 章）。

人有个习惯，总认为自己知道他人看重什么，于是我们一直在考虑那长长一列的"普遍利益"，忽视了"切身利益"的特殊性。结果，你的关注点在对方眼中可能无足轻重。

举个例子，假设你讨厌吃酸奶油，但我想劝你尝一口。我可能会列出一长串酸奶油的营养价值，然后大谈特谈它有多美味。可惜，这样做通常都没用。相反，我可以问一些与你的切身利益更相关的问题，比如：你为什么不想在面前这碗香喷喷的黑豆汤里加一勺酸奶油呢？你马上就会告诉我：酸奶油让你想到酸奶的味道，而你从小就不喜欢酸奶。知道了这一点，我就可以想出一个新法子，比如向你解释酸奶油和酸奶有什么差别。听着听着，你不知不觉就把一团酸奶油拌进了自己的黑豆汤里。

新手上路

迟到漫谈

我曾经在一个在线研讨会任教。这个研讨会需要提前报名，参加的学生能获得"专业能力培养"学分。

一位名叫乔西的学生上课总是迟到十五到三十分钟。由于研讨会主要以学生小组互动为主，乔西总是这样迟到，和她同组的同学非常不满。我考虑过和乔西一对一谈话，告诉她这样不合适，建议她退课。这时我想起了"个体关切"，于是打消了劝退的念头。相反，我开始注意她的个人情况。我注意到她常说自己任务重、时间紧，还注意到上课时其实她的表现非常投入。

之前因为她总迟到，我也会迟几分钟再上课，希望能尽量降低她个人迟到的影响。但是我这样做之后，发现她到得一次比一次晚，所以我们简短地聊了一次。

她解释说，这是因为她不想浪费自己的时间，不想坐在教室等着其他人来，所以选择先去处理一些其他事务。我体会到了她的为难之处，也看出来她的"切身利益"是尽量做到工作高效。

现在，我需要让"准时"这件事符合她的切身利益。我说，会调整回原来的上课时间——本来我就打算准时上课。我也说，我能理解学生迟到，所以不会惩罚她，但课上不会再重复她错过的内容了。另外，为了班级的整体利益，如果她还是迟到，我可能要采取一些措施。

现在乔西准时来上课了。"准时"现在和她的切身利益挂了钩，为了确保高效率，她改变了自己的行为。

有人听我分享了其他相似的生活场景，问我："如果两个人合作没有默契怎么办？"

首先，这是雪花才会问的问题，完全不在仙人掌的考虑范围之内。接着，我必须告诉你：

好的沟通不在于有没有默契

我知道，对你来说，这既是好消息也是坏消息。好消息是因为你不可能与每一个合作的人都很有默契。坏消息就是，在各种社群、团队、小组里，你必须学会和那些没法跟你"心有灵犀一点通"的人一同前行。

或许可以尝试把个人情感从工作中抽离出来，尽量避免情绪受到他人影响。对此，仙人掌的回应可能是："有道理，是个好办法。"但这对雪花可没那么容易，毕竟对雪花来说，抽离情感比走钢丝还难。那么，有没有两种性格都能接受的方法？接受彼此的差异，双方共同摸索出一个能改善实际沟通效果的合作模式。

小心滑倒

别过分弱化打击效果！

高管培训中有一个重要项目，叫作"高强度反馈"，又被称为"360"。教练会从学员身边的人那里秘密收集反馈以综合考量学员能力，给出反馈的通常包括被考核人的主管、同事、客户和直接下属，相当于在学员周围围成了一个360度的大圈。"360"因此得名。

收上来之后，教练会对反馈进行合并、分析，并和学员的自评报告对比。对于教练来说，一大难题是如何公布反馈结果才能促进学员的学习和提升。

我的同事文斯告诉我，他有一次公布了一份非常差的结果，可以说是他见过最糟糕的了。公布之前，他觉得学员可能会崩溃，所以做了很多准备工作。公布后，他立刻看向对方，想看她的反应。对方是个首席运营官，也是个脾气暴躁的仙人掌。结果她的脸上绽开了一个大大的笑容，说（原话）："比我想象的好多了！太棒了！"

几乎是立刻，文斯知道搞砸了。他本身是个雪花。他想象自己看到这么差的反馈可能会垮掉，以为这位学员会和自己一样。要是他能提前了解学员硬派的性格，不要用这种弱化结果以免打击过大的方式，这次结果公布后的反馈效果会好得多。

几天后，文斯又要在一个长期领导力培养集训中给一个仙人掌学员公布360度反馈。这次，他以一种强硬、直接的方式公布了结果。学员非常满意，说这是整个集训最好的环节。

这就叫对症下药、因材施教。

就像有些人追逐勇气，有些人找寻情感；有的人从外界的认可中大受鼓舞，另一些人则认为自己内心的指引更加重要。

进入曼坦罗（mantra）时间。

工具间

创造属于你的曼坦罗

曼坦罗是一个梵文词，意思是神圣的信息或文字；魔咒、咒语；忠告。曼坦罗这个概念来自印度教和佛教。它是一种令人着迷的声音，能帮助人们专注于冥想。几个世纪以来，曼坦罗的概念得到了拓展，也有了多种解读：

- 给人多次带来启迪的概念
- 励志的短语
- 舒缓而有节奏的言语
- 个人价值的声明

- 改变行为的内在呼唤
- 口号或座右铭

曼坦罗有很多功能,那么现在让我们融合本章的三个主题:思想、言语和行动,来创造自己的曼坦罗吧!别紧张,曼坦罗是很灵活的,可以随心改编。

先定一个目标。你想改进自己思维的哪个方面?或许你想"改写"消极的自言自语、舍弃某个过时的信念、调整你的日常习惯……

读到这里,你的一些坏习惯和顽固思想可能多次在脑海闪过。可以想想如何转变、重构它们。你不想迎接更好的吗?

创作曼坦罗的第一步是让你的思想自由流动,不要带有任何评判。找一个舒适的地方自由写作。现在开始,跟随意识的流动,记下出现在脑海中的任何东西。不要控制你的想法。你的观众只有自己,无须回头检查或修订。

无拘无束地写五到十五分钟,然后通读你所写的内容。发现什么模式了吗?有什么引起了你的注意吗?选择一个最能引起你注意的词或短语。想想还有哪些行为也可以练习曼坦罗。

雪花和仙人掌是带着不同的目的来创造和使用曼坦罗的。比如:

项目	雪花	仙人掌
目的	启迪	激励
价值	创造意义	创立体系
重点	输出善意	输出目的

创造曼坦罗就像在房间布置家具一样。尝试各种可能性，考虑潜在的影响，根据需要做出调整。

提示清单

◆ 思维：使用认识、接纳、改善模型改进自我对话。

◆ 语言：善用语言的力量。灵活调整语言风格，把雪花/仙人掌"口音"说准。

◆ 行为：瞄准他人切身利益来定位他人的价值观，形成更坚固的人际纽带。

第 6 章

艰难时刻

阴影下的自己和他人的性格

那些让我们耿耿于怀的事,让我们更了解自己。

——卡尔·容格

突击测验

另一个总结

对还是错?

雪花天生慈爱、温柔、善良。

仙人掌象征冷静、沉着、镇定。

答案:

错了。

又错了。

雪花很容易感同身受，但这并不意味着能为每一段人际关系都带来好结果。

仙人掌高举实用的大旗，同样不能保证所有情况都尽在掌握。

雪花可以是善良、沉着的，也可以是易怒、敏感的。他们非常情绪化，可能会有各种各样的感受和反应，就像雪花有各种形态——冰暴、冰雹、阵雪，还有雨夹雪，雪中混杂着冻雨，融化雪泥，浑然难分。

仙人掌可以很理智、很有原则，可以说就是理性的代言人。然而被激怒的时候，他们也会变成横冲直撞、不顾后果的冒失鬼。

无论哪一种性格，心态不稳都会引发很强的焦虑感。

心态平稳的时候，雪花和仙人掌都能表现得十分得体。即使遇到困难，也能用积极的心态克服消极情绪。然而有时候两种人都可能适应不良。

掉线

生活中，每个人都有"掉线"的时候。从外在反应来看，所有性格的"掉线"概率都差不多。

雪花和仙人掌都有可能会：

- 情绪不稳

- 怨天尤人
- 垂头丧气
- 郁郁寡欢
- 退缩不前
- 情绪失控

简而言之，用俗话说就是"完全不在状态"。其实，决定一个人状态好坏的关键因素不是单一的，包括个人内在和外在环境影响。多种因素相互作用决定了最终表现的水平。表现好的时候，我们通常能维持积极的自我评价。拿谁作为例子？或许……就是你！没错，正在读这本书的你。

现在，我要施展一下读心术了。你可以想象我正张开双臂在你头部神秘地来回比画。我能大胆猜测一下你的性格吗？

我觉得你是一个有思想、有智慧的人。你心怀善意，也在努力地做好事。你独特而富有创新精神，想为这个世界做出你独一无二的贡献。

我是如何凭空刻画出一副如此立体的性格图像的？其实，我听过一档节目，里面总结了让所有去看手相的人都满意的答案。我把它改编了一下，仅此而已。没想到吧？

我选择性地描述了你的性格，为的是刻画出一个正面的形象。其实，当他人对我们的描述与我们的自我认知一致时，我们更容易赞同对方。极佳状态下，你的思想和行为符合你对自己的积极评价。

然而，在自己不熟悉的领域，适应能力再强的人也不排除有"翻车"的可能。生活中，人人都可能陷入失常"翻车"的状态。

"翻车"

什么叫"翻车"？这意味着我们的行为变得反常，甚至完全不像自己。我们脑海中冒出不同寻常、违反常理的想法、感受和冲动。这种状态下做出的选择和由此引发的行动会是一团糟。

也许你一生中有过性格突变的时期，那是相当难受的。你本来活泼开朗，却突然开始对身边的人冷嘲热讽，变得尖酸刻薄；你天生就是"实用主义"者，可竟然做出了极其不合逻辑的决定；你向来是不拘小节的人，突然开始锱铢必较……这些都是"翻车"的潜在信号。

由于这些"非典型心态"，我们的行为失去理性、反复无常，进入"翻车"状态。基于卡尔·荣格的心理类型理论，我们正在经历自己性格的"劣势状态"。在倦怠和创伤的影响下，我们性格中隐藏的一面浮现了。

新手上路

抑制劣势状态

迈卡是一个仙人掌。他在业界风评很好,因此获邀去一个新研究院做带头人。对于终生致力于科研事业的迈卡来说,梦想成真。

迈卡的第一个任务是为自己找个一流助理。想让研究院顺利起步,这个职位十分关键。高管层中大多数人都推荐亨利,他是目前的最佳候选人:资历丰富,是这个领域的专家,管理、把控能力也没问题。

没想到结果让人大跌眼镜。最后一轮面试中亨利无意间惹恼了迈卡。其实,迈卡也说不清是怎么回事。他本是科学家,一直以自己的踏实务实而自豪。然而不巧的是,在这场重大面试之前他没睡好,再加上倒时差,整个人神经紧绷、头昏脑涨。

最后做决定的时候,他因为一时冲动,竟然选了一个毫无经验的新人当助理!如今,两年过去了,研究院还在收拾这个烂摊子。

是什么导致了"翻车"?在你压力爆棚的时候,或者现实情况太糟糕引起内心负面情绪大爆发时,最有可能发生"翻车"。

压力来源因人而异。同样的场景可能给人带来压力,也可能是动力。想一想,你或许也遇到过这种情况。

比如,同样在工作中面对一个指示不那么明晰的任务,我可能完全没有头绪，但你也许马上就能行动起来。做公共演讲让我很有动力，但会给许多其他人造成压力。每个人失控的根源和导火线都不尽相同。

导火线

让我们陷入"劣势状态"的导火线各种各样，其中比较典型的包括：

- 压力超标
- 极度疲劳
- 身体／心理疾病
- 人生中的重大转变
- 情绪失控
- 引发焦虑的外在因素
- 突发的、出乎意料的、不理想的变化

现在，我们花时间详细说说最后一点。

变化和雪花

对于大多数人，突发的、出乎意料的、不理想的变化会引起压力。当然，理想的变化也有可能引起很多不适。虽说每个人对积极、理想变化的感知标准不尽相同，但是比较普遍的典

型理想变化可能包括:

- 跳槽或升职
- 搬新家
- 宝宝出生

适应任何变化都不容易,因为每一次变化都是打破现状。所有的变化都意味着失去,要割舍我们熟悉的事物。这就是问题所在。

即使是一些好的变化,某种程度上也会引起人的自责,因为有些人会回想,觉得自己当初太过消极,把事情想得太坏。

这种情况下,雪花特别容易受折磨,因为他们太容易内疚了。如果能认识到这种反应,和身边人倾诉,可以减缓负面影响。可惜,人在"翻车"的时候通常只想把自己封闭起来,切断了外界支持的源流。

其他一些"翻车"警告

判断是否处在"翻车"状态的一个标准是失去判断能力。可能表现为:变得狭隘、钻牛角尖、愤怒或情绪过于激动。在很极端的情况下,我们可能会将这种体验形容为"火冒三丈"或者"感觉头要炸了!"

"翻车"另一个常见的迹象是明知道自己的话不合适却还是控制不住地提高嗓门,语气也越来越生硬。正常情况下,我们都知道这样做肯定是有问题的。难道我会以为自己嗓门大就能让你自然地认同我吗？然而，在压力爆棚的时候，这样做营造出一种短暂的错觉，感觉自己"掌控"了一切。

阴暗面

性格的阴暗面通常是我们潜意识里的那一部分自我。有一个词叫"自我阴暗面"，描述的就是我们表现出非典型性格的时刻。

遇到状态不好的时候，我们可能沉溺于自己潜意识里的阴暗面或未知的一面。这种状态可能有两种截然不同的外在表现：要么与我们的典型性格相矛盾，要么是典型性格过度表现。

第一个信号是你展现出自己对立面的性格。当你的行为与你的典型风格相矛盾，与你真实的内心脱节，就会表现出"劣势状态"。可能出现的情况包括：

- 纯雪花成了刺儿头
- 雪花变得很犀利，不顾及他人的感受；
- 果敢的仙人掌变得犹豫不决、优柔寡断；
- 仙人掌被情绪所控，失去了理智

第二种情况是过度地展现典型性格，通常会放大一个人标志性的性格特征,故而进入"脱轨"状态。

过度夸大主要的性格特征可能有以下表现:

- 雪花不断地寻求正面反馈
- 雪花过度在意情绪,不停询问他人的感受如何
- 仙人掌不停激怒他人,一有机会就挑事儿
- 仙人掌毫不留情地鞭策雪花,同时不忘狠狠羞辱对方

多面的阴影

想增加"翻车"的风险?想想疫情之下的生活吧。回想一下前几页列出的那一串最有可能让我们"翻车",甚至"坠崖"的导火线,哪一个疫情中的我们没有亲身体验?何况其中一个就是"突发的、意料之外的、不理想的变化"。面对新冠疫情,人们的反应不尽相同。我们主要来看四个最普遍的论调,包括正在浮现的新声音。

论调一:实用 – 仙人掌

　　重点:解决问题

　　表现:接受变化,继续生活

　　影响:过于理性可能适得其反

　　潜台词:"再坚持一下,打起精神来!"

论调二:"结冰"的同情心 – 雪花

　　重点: 人的感受 – 仙人掌

　　表现: 深刻体会到梦想破灭的绝望

　　影响: 造成恐慌和悲观情绪

　　潜台词: "情绪愈发低落"

论调三: 陈词滥调 – 雪花 + 仙人掌混合体

　　重点: 肤浅、不合时宜的陈词滥调,粉饰太平

　　表现: 喜欢发感恩、祝福和"心灵鸡汤"。比如,每天都是新的一天,美好的生活开始了

　　影响: 屏蔽大众情绪,漠视个体苦难

　　潜台词: "你没有资格抱怨,很多人比你还惨。"

好在,现在慢慢出现了新的声音,不过力量尚且微弱。

论调四: 肯定 – 进阶版雪花 + 仙人掌混合体

　　重点: 肯定个体经验,不妄加比较

　　表现: 实事求是,认识到个体损失,不带偏见

　　没有影响,原因是: 前三种论调容易制造矛盾和对立,这一种则会带来宽慰,鼓励人们相互扶持

　　潜台词: "善待自己。"

前三种论调带有压迫、僵化和否认的性质。最后一种在直面现实的同时积极地应对面前的挑战。

寻求解脱

如果已经"翻车"了,练习让自己进入元状态对缓解症状多少会有些帮助(请参考第4章"重构反应")

生活免不了偶尔"翻车",但你可以提前有意识地注意一下,哪些事情对你的影响整体上是负面、消极的,哪些是正面、积极的。

工作单

自我关注

找一个安静的角落,尽量免受干扰。深呼吸,将关注点转移到你的内心,然后完成这张工作单。也许你写下的和书上的指南或者别人通常给到你的建议不太一样。你只需要问自己,哪些事会真的让你心中一动。

你是自己的最佳向导。

哪些事你做起来有动力？

___

哪些事你觉得有压力？

___

哪些品质最符合你？真正的你是什么样子？

___

你的哪些行为让你觉得不像自己？你为什么做出这些行为？

___

哪些事情、哪些人、哪些地方帮助你恢复了正常状态？

___

完成自我关注是为未来的你准备的一份礼物。现在仔细想想哪些事情可能会让你"翻车"，未来能帮助你在最关键的时刻保持清醒。

黑暗中的光明

如果你已经一步一步照我说的做了，会发现我们能从"翻车"事件中学到一些道理。"翻车"给我们的启示有：
- 提示我们用积极的眼光看问题
- 警醒我们可能给了自己太多压力和任务
- 给我们一个自我成长的机会
- 练习更好地理解自己的潜意识

- 加深对自己的认识
- 更好地掌控自己的思维和感受

阴影下的他人

你大概已经意识到,自己不是唯一一个会在生活中偶尔"翻车"的人。大多数人都会。也就是说,与人打交道的时候对方状态不佳是常有的情况。"状态不佳"是一个术语吗?可能不是吧。

有什么迹象?

首先:留心对方可能状态不佳的信号。也许你的熟人做出了一些稀奇古怪或意想不到的举动。如果对方的行为不正常,他们可能陷入了"翻车",正经历着"劣势状态"。

其次:以他们通常的行为习惯作为参照。比如说,一位足球教练在比赛的决胜时刻总是感到紧张,这只是惯常行为。要是一位性格十分平和的网球教练突然开始严厉呵斥比赛输了的学员,那才值得注意。

第6章 艰难时刻 阴影下的自己和他人的性格

新手上路

雪莉开了一家小小的厨房用品商店，店里有一个小型样板厨房。她喜欢在店里展示新鲜出炉的食品和举办厨艺示范活动。疫情暴发后，她被迫关闭了烹饪区域。每次走进店里，她都会有一种失落感。

雪莉活泼开朗的性格突然按下了暂停键。她不再花心思招待顾客，而是去供应商那里抢购，花大量的精力囤货。这一切让雪莉觉得筋疲力尽，一度想撒手不管了。

这时候，雪莉的老朋友唐娜恰好来看望她。不熟悉雪莉的人可能以为她心情沮丧是因为性格不够坚韧。可唐娜知道不是这样。她意识到，雪莉的行为完全不像正常的她。可唐娜担心她的关心可能会弄巧成拙。似乎没有什么能帮到雪莉。

该怎么办？你的伙伴正在经历"翻车"状态。你想帮她走出来，但说起来容易，做起来难，很多惯常的做法有可能弄巧成拙。现在我们讨论下面六种黑洞做法，看看这些"让对方振作起来"的方法，效果怎么样。

随后，我会提供一些实用的建议。

弄巧成拙

黑洞方式 #1　没你想的那么严重

目的

说服对方其实情况没那么糟糕，淡化事情的严重程度。

演示

"没什么好担心的。谁没经历过电脑死机？"

黑洞方式 #2　加油打气

目的

让对方冷静下来，恢复常态。

演示

"冷静点，放松。"

黑洞方式 #3　怜悯对方

目的

表现深切同情。

演示

"这太可怕了！不敢想象会发生这种事情。你怎么受得了？"

黑洞方式 #4　过度共鸣

目的

向对方证明你有同感。

演示

"我太懂你了。我跟你说，上次发生了一件事也让我很沮丧……。"

黑洞方式 #5　开玩笑或嘲讽

目的

让对方看淡些。

演示

"是啊，我敢说这肯定是人类有史以来第一台在周末假期漏水的冰箱。"

黑洞方式 #5　理性思考

目的

说服对方保持理性。

演示

"做生意难免有难处，想办法解决就好了！"

黑洞方式 #2 的其他表现

黑洞方式 #2 可能出现在各种场景中，比如：

一名一年级的医学生期末考试没合格。她被课程讲师约谈，在去的路上心里一团乱麻。她低着头，步履沉重地推开门，一提到成绩没及格，眼泪就不争气地下来了。

于是这位讲师按照一位仙人掌科研顾问给的建议，安慰学生别这么丧气。"坚强一点！"他说道。

学生更受打击，默默下定决心，她再也不会和这位讲师约谈了。

再谈两句黑洞方式 #5

开玩笑缓解一下气氛是许多人的首选的做法，可惜通常适得其反。除非非常了解对方，否则不要太过随意。我看到很多这样的例子，习惯性的嘲讽会破坏人际关系，甚至危及职业生涯。

为什么是"黑洞方式"

虽然目的是好的，但所有这六种常用的方法都达不到效果。究其原因，每一个都踩到了以下的一个或多个雷区：

- 无视他人的实际经历
- 弱化甚至否定对方的问题
- 否定对方想法和感受
- 加重对方的负面情绪
- 将关注点转移到自己身上
- 引起对方的防卫心理

■ 在双方之间制造隔阂

双重打击来了：

在对方已经很沮丧的情况下，再告诉他们沮丧是不对的

结果，已经心态失衡的人会更加感到自己被疏远、被误解、被否定。没事，不要绝望；还有办法。行动前先做些准备，才能万无一失。

一系列实用的回应方法

来了解更有效的回应妙招吧！以下排序不分先后。

1. 询问自己可以提供什么帮助

回想一下刚刚的医学生。如果你是那位讲师，我会给你一个小建议。不要说"坚强一点！"，而是说"有什么我能帮到你的？"然后坐下来，给学生一些时间考虑和回复，不要自顾自地提许多建议。我敢说，她真正需要的并没有那么多。这一招儿既能达到目的，又能节省时间，岂不美哉？

2. 肯定对方的适当关切

对方自然希望自己能得到理解，我们也要对这种想法予以尊重。但是，理解他人的想法不一定代表赞同或支持。一句简

单的"我知道你心情不太好"就是一个好的开始。

3. 防止自己的情绪波动

避免你个人的情绪受牵连。听到了吗,雪花?控制情绪对你们来说尤其重要。尤其是做消费者维权工作时,我掌握了这个技巧后,处理情况的速度简直能翻一番。

4. 远离价值探讨

与其和对方争论解决方案有没有价值,不如为对方的设想加油打气。这不是一个好的时机来谈论思想的价值。相信我没错,我可当过高中辩论队的队长呢。

5. 鼓励对方制定策略

要想保证策略有效,这是最好的方法。你不用替人家把所有的好办法都想出来。同时,尽量给对方一些实际的支持。

6. 跟进你的承诺

少保证,多行动。做承诺要适可而止,并且说到做到。虽然本意是好的,但没有实现也会影响你的信誉。怕承诺完成不了?可以给自己设置一个提醒,或请对方监督。

一句忠告

如果你开始表现出自己的对立性格特点,这在本质上是没有问题的。重要的是你的行为是无意识、破坏性的,还是有意识、有目的的。如果你的行为经过深思熟虑,并且带有实际目的,那么这种看似"不正常"的行为实际上能帮你实现目标。

例如,应急热线要求接线员处理情况的时候不能带有任何个人感情。工作人员里大部分都是雪花,但他们怀有更高的目的,所以这些雪花经过训练,可以隐藏自己的本性,保持坚定。通过展现仙人掌的优势特征,雪花接线员会成为成功的应急服务者。

提示清单

对自己:生活免不了偶尔"翻车"。对自己好一点

对他人:忍住别说"冷静一点!",多从对方的角度想问题

第7章

两种领导者

强化你的领导力

> 灵感属于有闲暇的人。大多数人只在惯性地重复着工作。
>
> ——查克·克洛斯

突击小测验

角色转换

问：性格要强的雪花 = 仙人掌？

答：错。

一个行事风格多样的雪花，是灵活的雪花，但不会自动转变成一个仙人掌。对仙人掌来说亦是如此。

很多仙人掌和雪花都成了领袖。其实，并没有研究发现哪一种性格更有领袖天分,他们各有各的领导风格。

领导风格

理智:用脑子领导	感性:用心领导
● 善用逻辑思维、分析评判直截了当	● 全心投入、善于察言观色、灵活变通
● 对事情结果不注入太多个人情绪	● 能够体谅他人的情绪
● 提出批评时能就事论事	● 很难接受负面反馈
● 寻求事实并给人事实	● 寻求赏识并给人赏识
● 可能无意中伤害他人的感情	● 可能由事件上升到人
● 做决定偏向保守	● 做决定偏向大胆

在这么多风格中找到自己了吧?给你点个赞!说明你是一个有自我意识的模范领导者。

这就够了吗?当然不是。现在你可以开始擦亮双眼,注意观察员工、上级、同事和客户工作沟通时的小细节。现在就开工吧!

强大的适应能力是领导者的必备技能,因为你带领的团队中可能什么样的人都有。一个人是多刺的仙人掌还是结晶的雪花,可能很难摸清。如果一个仙人掌带领的团队里都是雪花,想带领这个团队走得更远,他就得学会说雪花的"方言"。对雪花领导者也是同样的道理。

对于不同的人,你要有针对性地采用不同的鼓励方法。

"说什么呢?请总结一下,好吗?"

好嘞!这就来了。

引起共鸣、开足马力——雪花篇

认可	善意	鼓励

引起共鸣、开足马力——仙人掌篇

公正	合理	才智

可能团队里有一两个人的性格和你完全相反。你真走运,这个人可能带来很高的价值。如果你是雪花,团队开完会之后,你可以和擅长逻辑分析的仙人掌多聊聊,听听他有什么独到的见解。如果是仙人掌呢?可以在会后找雪花伙伴一起回顾一下团队的情绪状况。

你是真心的吗?

一个快速小插曲。

第 7 章　两种领导者　强化你的领导力

仙人掌纳迪亚与雪花克劳德开了一次线上会议。纳迪亚一离开会议室，克劳德就开始向她称赞同事刚才的工作汇报，而在纳迪亚心目中，那个工作汇报实在是很一般。克劳德在她面前这样为那位同事说好话，使她感到很奇怪，觉得肯定是装的。纳迪亚觉得这是克劳德的套路，只是想显示自己很热情，在上司心中留个好印象。说实话，这让仙人掌纳迪亚很恼火。第二天，她就和克劳德直说了。

麻烦在于，可能纳迪亚还没有意识到问题出在哪儿。如果雪花一直是满腔热情，表达出来又有什么不对呢？

过度表扬

雪花性格的本质如此。他们会以积极的方式回应一切，给别人捧场对他们来说再自然不过了。这也正常，因为雪花自己的积极性很大程度上就来源于他人的赞美。可惜，有时候会适得其反。其实在团队中，人与人之间自由捧场的效果很有限。仙人掌听到这样的捧场可能要翻白眼儿了，会说：当然啦，她是德沃拉嘛，每个人她都夸。（我可不一定在说我自己。只是例子里的人物偶然同名罢了。）

还有更坏的。仙人掌可能会觉得，如此频繁的夸奖不可能出于真心。没错，真心诚意的雪花现在有骗人的嫌疑了，天哪，打击太大了，对雪花来说简直是世界末日。

同时，回想上回，那个一向冷冰冰的仙人掌难得表扬了你一次。虽然话有点敷衍，但因为太难得了，可能事情过去很久你还记得。

结果，吝啬于捧场的仙人掌反而赢得了更多好感，就因为物以稀为贵。同时，雪花真诚又卖力的赞美被搁在了一边，还因为总是夸人，而遭到别人的质疑。

命运是如此残酷！

新手上路

你是最棒的！

伊萨克是一家制造厂的项目负责人。这家崇尚"效率为王"的工厂里，人人都是仙人掌，走廊上列满了行业顶级大奖。

伊萨克似乎是唯一的雪花。他每天坐工厂的员工接驳车到总部上班，车会先从工厂绕一周，在这短短十分钟车程里，他会向车上的员工致以问候和赞美。

伊萨克打心底里相信赞美的力量。去年过节他给团队准备的礼物是印着"你是明星！"字样的水杯。而他每天用来喝咖啡的杯子，杯身上印着花体字的至理名言——来自世界顶级管理大师肯·布兰佳：关注别人做得好的地方！

伊萨克每周召开一次团队会议，每季度主持一次部门会议，每次开年会的时候他都是"明星人物"，受到很多人的欢迎，大家会对他说，"嘿！见到你我太开心啦！""你真是个很不一样的人！""你的付出给了我很多帮助。"伊萨克和大家总是欢聚一堂，所有人都享受这些美好的瞬间。

工具间

外露的真心

雪花外露的情感如何才能达到预期的效果？谁都不想发自内心为别人喝彩，结果却吃了闭门羹。至少雪花是不想的。

别慌，小贴士来了，请自由取阅。我们从哪里开始呢？……

A. 了解对方：

根据对方的性格调整你的期待。相比仙人掌，雪花明显更能接受外露的情感。"接受"这个词不是非常适切，准确地说，雪花渴望外露的情感。

B. 双倍了解对方：

用能引起对方共鸣的方式表达赞美。比如，一个仙人掌在

"黑色星期一"给同事们带了美味的手工面包。如果你想表扬他,不要说"多亏了你,大家感觉好多了",而是"多亏了你,大家都有双倍动力继续工作了"。

C. 如果不了解对方:

  雪花:不要把仙人掌想得很外露。把预设调低一点点。

  仙人掌:多表扬对方几句,程度调高一个档次。

D. 具体一点:

  夸奖别人不要说陈词滥调(比如"你是最棒的!"),而要基于对他人个性的深入体察(比如"调节会议氛围这方面,你真的很有一套")。

E. 注意时间地点:

  在季度考评中,给员工及时的反馈比笼统糊弄过去要好得多。还要考虑到表扬的时机,尽量选在一对一的场合。

F. 少即是多:

  不得不说,如果好话说得太多,可能实际效果反而会降低。

认识你自己

  如果人们向外发出积极信号,大多数情况是他们自己想获得积极的反馈。要是你觉得自己和伊萨克很像,不妨审视一下你对外界肯定的需求状况如何。对外界的赞美总是觉得不够是不现实的。

  如果你感觉到自己过度依赖来自外界的肯定,不妨调转方向，尝试学习一些从内心汲取正面能量的方法。你还可以试着进一步悦纳自我，让自己的内心强大起来。前文"自我对话"中介绍了一些很有用的方法（见第 5 章。）

感觉好 & 表现好

鼓励他人的方式很多，"感觉好 & 表现好"模式是我最喜欢的一个，而且清楚地反映了雪花和仙人掌各自的偏好。"感觉好"营帐里挂满了可爱的装饰小绒球，雪花领袖说，大家的感受是最重要的；"表现好"帮派里则贴满了行程表，掌门人仙人掌说，结果为王。

小心滑倒

当心雪花领袖

"感觉好"型领导力求感觉良好——下属要对自己感觉良好、对成果感觉良好、对团队感觉良好，当然，还要对领导感觉良好。

雪花就是以这种风格四处飘落，就像鸟儿落在散落一地的种子上。谁会因此责怪他们呢？毕竟，雪花的性格会自然而然地迸发积极的情绪。"感觉好"型的领导强调安全、积极的环境，努力营造开放、共享情绪和意见的团队氛围。

除了……别紧张。过度追求"感觉好"，也可能适得其反。要是表现平平无奇也能得到领导表扬，员工追求卓越的积极性可能就没么高了。什么？领导轻拍我的肩膀不是因为我表现得好，而仅仅因为我"努力工作"？这样一想，工作真没意思，领导似乎并不在乎我做得怎么样。没劲。

可见。过度追求下属"感觉好"，可能反而使下属失去斗志。

两者的优势

雪花更容易鼓励下属，仙人掌更倾向于规则。如果能把两种方法结合起来，可以组成一个格外强大积极的工作团队。

我见过有一些"感觉好"型领导积极鞭策团队成员，带领他们超越既定的目标，也见过有不少"表现好"团队成功结项后受到领导的大力嘉奖。蜜蜂可以交叉授粉，不同的方法也可以"交叉传授"，一种领导风格和另一种融合互鉴，会形成一个更全面、丰富的新风格。

小心滑倒

当心仙人掌领袖

考虑到仙人掌偏好"严苛的关爱"(或许压根没有"爱"),有些领导技巧对仙人掌领导有着天然的吸引力。你猜对了——"表现好"型就是其中一个。任何与"溺爱"搭上边的领导风格,都与仙人掌无关。的确,"表现好"确实可以鞭策团队表现得更好。"表现好"型领导不会来泛泛说一句:"去做吧!"相反,他们会明确给出一个有挑战性但可以实现的目标。"表现好"型领导还会根据团队的状态不断调整鼓励方式,带领团队不断超越。

你可能不会想到,让我们对自己感觉良好的可能不是"感觉好"型领导,而是"表现好"型。

不过,"表现好"过了头,照样会适得其反。只给下属发句指令"完成任务"是不够的!真正激励人的,是任务过程中得到的精神支持。你是否赢得了下属的信任?是否给了他们实现目标的信心?他们是否愿意全力支持你?

改进空间

我们每次回顾自己的表现,大多数人通常不愿意听到自己"哪些地方可以改进"。通俗一点说是给你"提一些建设性意见"。把范围再框小一点是"改进意见",或者"批判"两个字了事?也可以说"批判意见"……

行了,别咬文嚼字了,赶紧进入正题。仙人掌已经准备好了,雪花还在门口徘徊犹豫,准备先披一件铠甲让自己更坚强。

工作单

印象深刻的教练

花几分钟,回忆一个给你的人生带来正能量,让你久久不能忘怀的人。也许是某位教练、家人、导师、顾问,或者某位领导。这些人的共同点就是,在你人生的某一阶段,他们曾助你一臂之力,让你的事业"海阔天空任鸟飞"(除非你是"企鹅""鸵鸟")。

这个人的实际身份可能有很多种,此处我们以老师为例。

老师的名字/昵称:＿＿＿＿＿＿＿＿＿＿＿＿＿＿＿

什么原因(可大可小)让你想起这位老师:

1._____

2._____

这位老师给我启迪或鼓励的方式:

1._____

2._____

印象深刻的事件 / 突出的性格特质 / 不同于常人之处:

1._____

2._____

这位老师的"感觉好"或"表现好"特质:

_____

我从中学到的支持、鼓励、启迪他人的方式:

_____

不是所有人都想听积极的反馈。比如对工作抱有很强信念感的仙人掌面对"正面激励",可能会感到不适、动摇、急躁,甚至心态失衡。

因此,所谓的"有效反馈"并非放之四海皆准。做领导的自然希望下属能接受反馈并做出回应,因此需要因人而异、有的放矢。现在,请你考虑下面这四个场景。

情景对话

扑通落水 & 轻盈一跃

周一早晨,雪花领导对仙人掌下属进行年度绩效考核。

镜头1:扑通落水

雪:好久不见!见到你真高兴。

仙:嗯,您好。

雪:你这件橙色毛衣很好看,很衬你。

仙:(忘记自己穿的是哪一件了,低头看了一眼,心想随意评论员工外表是否有违公司规范,)谢谢。(开始在座椅扶手上敲笔,想知道什么时候对方才能进入正题)

雪:其实,我一直很想聊聊你的表现。别的不说,这是个很好的交流机会。

【安静】

雪:好!让我们开始吧。首先必须要说,你绝对是我们团队的骨干。你乐于助人,工作又勤奋。这一点我非常欣赏!其他同事也这样说。如果你好奇大家是怎么看你的,现在你知道了!【笑】

仙:您是说,您和别的同事私下议论我?

雪:没有没有,我开玩笑呢。

仙:【恼火】知道了。

哪里出了问题?为什么?＿＿＿＿＿＿＿＿＿＿＿＿＿＿

周一早晨,雪花领导对仙人掌下属进行年度绩效考核。

镜头 2:轻盈一跃

雪:早上好。

仙:早上好。

雪:嗯,今天要给你做年度绩效考核。这一年我一直很关注你的表现,你主要有三个方面还需要提升⋯⋯

仙:谢谢,受益匪浅!

哪里起了效果?为什么?_____

周一早晨,仙人掌领导对雪花下属进行年度绩效考核。

镜头 1:扑通落水

仙:今天是你的绩效考核。

雪:【咽口水】是的,我有点紧张。

仙:紧张什么?没好好工作?如果尽力了,那就没什么好担心的。还是说你有什么特殊情况吗?

雪:嗯?没有没有,我是说,我一直在好好工作。

仙:嗯,那就好。不过今天要谈的是工作绩效。你自己觉得哪些工作做得还不够好?

雪:嗯⋯⋯还是您来说吧。【一身冷汗】

哪里出了问题?为什么?_____

周一早晨，仙人掌领导对雪花下属进行年度绩效考核。

镜头 2：轻盈一跃

仙：早上好！今天是个大日子，你的年度考核日。总的来说，我对你的表现非常满意。

雪：哇，太好了。听您这么说，我很高兴。

仙：你一年比一年做得好，也就是说，未来一年我们可以瞄准一些关键领域进一步提升。

雪：当然了，您说得很对。能进一步谈谈吗？

是什么起了效果？为什么？ _____

沟通不畅是出现问题的重要原因。反馈的方式不是唯一的，目的是要使对方的语言，使对方能听懂并准确理解反馈的内容。这一点是顺利沟通的关键。

当然，反馈也不一定是单向的。根据具体情况，你也可以给同事和领导反馈。

新手上路

向上管理

马克是一个雪花。他踌躇满志，一直追求自我价值的实现。他定期参加心灵互助会，在那儿学习各种解决人际冲突的技巧。其中一种技巧叫作"澄清"。这个技巧包括使用一些特定的表达方式，例如"我会告诉自己……"等句式，让对方觉得责任不在他们。运用这个沟通模式能降低事件的负面影响，还不用归咎于对方。至于具体怎么运用这个技巧，我们会在下文插入情节展现。

马克所在的心灵互助会在沟通中经常运用这个技巧。马克认为"澄清"能直接赢得开放、积极的人际互动。

事实上，马克在一家科技初创公司做客户经理。他的上司佐伊性格强势，很难打交道，马克觉得疲于应付。他知道这不是他个人的问题，佐伊和团队里所有人说话都这样。但他实在是佩服其他同事的适应能力，至少他们面上云淡风轻。

最终，马克觉得有必要和佐伊开诚布公地谈一谈。

他准时到达了约定地点，努力摆出了一张笑脸，然后直接开口："佐伊，每次您对我大呼小叫的时候，我会告诉自己你是对事不对人……"可一开始他就说错了话。她插言："是吗？你告诉自己？你告诉自己我对你大呼小叫？"

沟通失败了。虽然"澄清"在某些人际沟通中很管用，但佐伊不吃这一套。马克的反馈显然没有达到目的。他需要重新调整沟通的方式，才能让佐伊理解他的意思。

假设马克换了一种反馈模式，他顺应佐伊的性格特点与她展开沟通。（如果马克不清楚佐伊是什么风格，他可以运用我们的"两步"分析法:"观"与"问",请参见第2章。)

下面揭晓马克改进版的反馈:

"嘿,佐伊,感谢您百忙之中抽出时间和我见面。我知道您为这个团队付出了很多,也很欣赏您工作中百分百的投入。从您这里,我真的学到很多。

"但是我也发现,每次您一提高声音,我的大脑就一片空白。这样一来,也就没办法消化您所说的内容。其实我一直在想,有没有更有效的沟通方式,毕竟,我也不想因为压力影响工作效果。我写了一些改进方法,如果您愿意的话,我们可以进一步讨论。"

未完待续。

第二版反馈中,马克哪些地方处理得很好?

很多。

马克调整了他的行为风格,选择去适应佐伊。他实施了铂金法则,用佐伊想要的方式对待她。此外,马克把自己的提议建立在"可能性"的基础之上,比如"有没有……";"如果您愿意……"。一般情况下,很少有人会对"可能性"说不。

和领导沟通的时候,马克言简意赅、有理有据、重点突出,显然是精心准备过。陈述问题的同时,他提出了可能的解决方案,既没有一味抱怨,也没有归咎于自己或对方。他还提前给佐伊提交了书面的问题总结,以便领导了解自己的想法。

做得好，马克！

各种沟通策略有机整合、交替使用，能更好地应对各种情况，包括向上管理。不管你是仙人掌还是雪花，都应该先明确大局再调整具体做法。还记得吗？前文提到过，性格可以解释我们的行为，但不是行为偏好的借口。有的人觉得自己记性差，所以做事缺乏后续跟进。但有几个人敢说自己记性好呢？俗话说，好记性不如烂笔头。奉劝大家想办法找到适合自己的备忘方法，以免遗漏重要事务。

新手上路

我行我素的雪花

珍妮丝在城镇活动中心工作。活动中心的服务宗旨是给社区居民一种家的感觉。一年中，中心会在广场上举办大大小小的活动。珍妮丝在财务部门工作，不参与高层领导团队的讨论和决策。

她很喜欢每晚广场上的乐队表演。演出吸引了更多的人来消费，给中心带来了十分可观的利润。美中不足得是周四的乐队演出。这个乐队在广场表演很长时间了，但一直翻来覆去地唱那几首老歌。居民都觉得周四的演出一次比一次差。

最终,珍妮丝发现中心取消了周四的全部表演,现在每周只有两晚有乐队演出了。某天珍妮丝与首席财务管理查德一起吃午饭,她不经意间提起了这件事。理查德叹了口气,问珍妮丝有没有见过负责中心活动的副总裁斯坦。珍妮丝回答没见过。

　　理查德解释了事情的来龙去脉。原来,斯坦与周四的乐队已经合作很多年了,他没办法开口告诉对方要换掉他们,觉得会把关系搞僵。怎么解决呢?斯坦决定取消周四所有的活动,这样周四的乐队就不会觉得是自己的问题。为照顾(他想象中)对方的感受,斯坦牺牲了更大的利益。

　　如果问斯坦为什么,他会说,一想到乐队成员会很失落,他"感觉太难过了"。多么典型的一个雪花!然而,"雪花"并不是避免责任的借口。如果你做出的决策影响了整体的利益,那么把错误归咎于自己的"内疲感"只会败坏自己的名声。雪花并不懦弱,懦弱也不是雪花的代名词。

　　看上去斯坦应该是一个强雪花性格的人。他难以开口终止长期合作的原因大概就在于此,但这绝对不能作为取消中心周四所有活动的借口。还有一点,斯坦其实是把自己的"敏感"投射在了乐队成员的身上。也许他们其实是仙人掌,正好借此改进自己呢?再说,即使他们是雪花又如何呢?可见,最根本的问题没有解决。更明智的做法是寻找能表明乐队成员性格的蛛丝马迹,以此来调整沟通的方式。而且,肯定不能直接取消当地居民欢迎的周四其他活动,仅仅为了避免和乐队的沟通中出现不愉快。

如果你有机会帮助斯坦,你会怎么做?你可以同时运用"感觉好"和"表现好"两大模式,引导他以大局为重,帮他假设出对方几种可能的回应,和他一起排练几遍。

俗话说,熟能生巧。团队成员互帮互助才能走得更远。但别忘了,不同性格的人对帮助的意愿和需求可能也有高低。

新手上路

没什么大不了!

莱昂的新工作是在一家信用卡公司担任人力资源总监。上任的第一天恰逢公司重组,包括要重新分配办公空间。当天大多数员工都是第一次见到莱昂,他要做的是引导员工搬进新办公室。事情并不好做——新办公室的环境大部分都不太好,配置稍齐全的几间办公间很快被一抢而空。还发生了更加戏剧性的一幕,同一个办公间误分给了两个人,他只能重新分给其中一个。这样的情况可谓"人人避之而不及"——无论分给谁,都有人觉得不舒服。

忙了一早上,接近尾声的时候,部门高级副总裁乔纳来了。他走到莱昂身边，对他说："真是不容易，辛苦了！"

莱昂抬起头，有点惊讶，但心里很平静。他笑了笑说："噢，没什么大不了。常有的事！"

莱昂是仙人掌，他丝毫没有觉察出乔纳话里透出的焦虑。他反而因为眼前的挑战感到动力十足。

乔纳从这件事中学会了三个道理。第一，引起自己焦虑、混乱的事件，不一定会对别人造成同样影响。第二，每个人擅长应对不同类型的情况，这是好事。三，记得聘用一些与你性格相反的人！

如今，太多咨询顾问打着"如何领导事业大获成功"的旗号，告诉人们需要具备很多神秘特质才能做一名好的领导者。这其实加剧了一种误解，以为必须完全抛弃本性才能成为一名五星级领导者。这样做是很鲁莽的，而且必然会失败。反过来也是如此。让我们勇敢开拓，在谈判桌前展现真实自我的风采。

不要否定自己的性格，永远不要

无论你如何定义成功，通向它的方式永远都是：保持真实，兼容并包。

提示清单

◆ 学会适应是领导能力的重要一环。充分利用性格的强项,在沟通中有的放矢

◆ 想练就强大的领导能力,多面的风格和巧妙的反馈是两项必备技能

第 8 章

内向者与外向者
与雪花&仙人掌的组合

> 学会善良。每个人都有自己的难处。
>
> ——亚历山大的斐洛

放宽视野

现在,让我们换一种思路。我们的世界里有雪花、仙人掌。但本书开头就提到,人的性格有着丰富的层次性。每个人的性格倾向都不可能是单一的,因为有太多额外的影响元素。我知道大家都不想弄得太复杂,所以这本小书里只探讨一个元素。我保证。

我在《零压力社交:内向者的轻松人脉术》(第 2 版,贝尔特科勒出版社,2019 年)中讲道:"内向(introversion)"和"外向(extroversion)"这对元素极大地影响了我们的内心和外在环境。啊,没错,"外向"有时也称为"外倾

（extraversion）",两种说法都可以。你这么细心,我很欣慰*。

这一章专门介绍"雪花/仙人掌"和"内向/外向（I/E）"元素的融合。实际上,雪花中有内向者,也有外向者;仙人掌也是同理。内向/外向的程度影响人的性格,就像做手工沙拉酱——橄榄油（内向）与香油（外向）的比例不同,沙拉酱的风味也不同。

这些性格元素之间并不一定相关。不是所有的雪花都是内向者/外向者,仙人掌也是一样。这四种元素形成了不同的排列组合,最终显现在不同性格的人身上,影响着人们的行为方式。

基础入门

可能你还不太清楚内向/外向的运作机制,别担心,你不是一个人。

人们对"内向/外向"怀有太多误解。随便举个例子吧：自信满满、动力十足、能量充沛,这些表现常和"外向"联系起来。实际上,这之间没有任何关系。所以,读这一章时最好清空偏见,把心归零,然后轻装上阵。

现在我们花点时间来讲解"内向/外向"的基本知识。下

---

* 拉丁语中,"extra"的意思是"外","intro"的意思是"内"。心理学家卡尔·荣格使用"extra"（外倾）因为外向者倾向于外界,而内向者倾向于内心。1918年,"外向"的说法传播开来,普遍为人们所接受,因而一直沿用。本书中,我们将采用"外向"一词。特此说明。

面的表格中，我列出了内向者和外向者的性格特征，并据此预测了各自的行为偏好。

内向者	外向者
从自身获得能量 行为预测：喜欢独处	从他人获得能量 行为预测：喜欢社交
用思考来交流 行为预测：思考中决策	用交流来思考 行为预测：交流中决策
深入探究（专注） 行为预测：兴趣少而精	广泛探索（广阔） 行为预测：兴趣多而广

上面是一个比较宽泛的分类，还有很多有趣的细节有待发掘。我们还在"用基本理论武装大脑"的阶段呢。虽然只是理论，但我还要说一个更精简的区别：

外向者广泛收集，内向者建立联结

例如，外向者乐于听取经验、广泛交友、收集名片。内向者则偏爱更简单、更深入的关系、兴趣和活动。内向者往往会认定他们所珍视的东西，包括朋友、假日好去处。有个内向者精辟地总结了自己的人生观："找到最适合的，然后一劳永逸。"外向者则不同。他们更喜欢寻求新鲜事物，不断扩大自己的经验。

了解这些背景知识之后，你大概已经知道自己在"内向/

外向"坐标轴中的位置。

"内向/外向"为我们提升自我意识添上了浓墨重彩的一笔，能帮助我们在社交场合展现自己最好的一面。对内向者来说，社交时可能要带上"内向"和"外向"两幅面孔了。

现在集合！我们去往多元世界，会一会内向者、外向者还有我们的老朋友——雪花和仙人掌。

偏好组合

点餐时因个人口味不同，人们会搭配出不同的餐点。同理，不同性格元素的相互碰撞，造就了独一无二的我们。在我看来，了解我们自身的独特性是一个很有趣的过程，从中能获得很多启发，也能感受到更多自由。

还有更好的！了解他人性格的偏好组合可谓是人际关系的润滑剂。可是目前还没有X射线可以揭秘性格。我们该怎么办呢？去找线索。性格的蛛丝马迹就像丛林中洒落的面包屑，等着我们去探索。大多数人只是踩着走过去，但我们不能无视！快快系紧健步靴，准备一探究竟吧。

经由这些线索，我们能发现他人的兴趣、愿望、忧虑和动机。心不在焉是个坏习惯，很多线索就是这样错失了。做个有心人，你会大有收获的。

我们从最简单的开始。

一个词总结：

外向者雪花→思维开阔

内向者雪花→老成世故

外向者仙人掌→观念激进

内向者仙人掌→离群索居

层层叠加

我们的朋友雪花和仙人掌已经告诉我们，多样性是最重要的。每个人的成长都是一个接受自己、从心出发的过程。

想象糕点师傅在已经成型的蛋糕胚上点缀草莓、打上奶油裙边。现在我们也要在性格中点缀上"内向/外向"的元素。

最关键的是，在估量这些附加元素的过程中，我们更加了解自己，也更了解他人。

把"内向/外向"两个性格元素叠加，我们能看到性格组合方式的各种可能性。现在，时机正好，我们要来了解性格组合的核心内容：感受和观点。

感受和观点

类型	雪花	仙人掌
内向	感受深刻且不外露	观点来自独立思考，不常主动分享

续表

类型	雪花	仙人掌
外向	感受喷涌而出。分享自己的情绪状态,毫不拘束	观点激进,发言积极,不在乎是否有失偏颇

接下来,我们从典型行为和潜在缺点两方面进一步分析,最后给每种组合一句话总结。

典型行为:

外向者雪花→酷爱交流对话

内向者雪花→持续性自我反思

外向者仙人掌→公开分享自己弱点

内向者仙人掌→好奇心引发求知欲

潜在缺点:

外向者雪花→守不住秘密

内向者雪花→不善与人沟通

外向者仙人掌→无故言语刻薄

内向者仙人掌→生气就拒绝沟通

一句话建议:

外向者雪花→沉默是金

内向者雪花→敞开心扉

外向者仙人掌→谨言慎行

内向者仙人掌→该说就说

很明显，每种组合都会表现出不同的行为，有不同的优势，但也有各自的缺点。每个人总会误以为他人更幸运、更机智、更快乐。然而，尽管每个人遇到的困难不同，我们的性格本质上并没有好坏之分。不变的是，每个人都要克服生活的难题，而在他人看不见的地方，我们也都在面对着各自内心的纷扰。

突击测验

无效沟通

A. 听到一个新主意，谁最有可能马上说不？

答案： 内向者仙人掌

为什么？ 内向者仙人掌作回应之前，通常需要更多时间来消化对方的信息。因此，对他们来说，一开始给出否定回答是更安全的做法。此外，内向者仙人掌并不担心拒绝会冒犯到对方。

后果： 可能给他人留下态度消极的印象。

B. 谁最有可能被惹生气？

答案： 外向者雪花

为什么？ 外向者雪花喜欢积极提议，但想法被否定时会很受伤。

建议： 如果你有一个新想法，把它写下来，在见面前发给对方。给对方一些时间提前考虑想法的可行性并权衡利弊（尤其是内向者仙人掌）。等着瞧吧！他们会改变主意的。

C. 谁最有可能推翻已经决定的事情？

答案： 外向者仙人掌

为什么？ 外向者仙人掌的性格决定了他们说话常常不经过大脑，意识不到自己的话可能给他人带来的影响，因为他们"在交流中思考"。在沟通的过程中，他们才能逐渐把想法明晰化。此外，他们也并不一定把说的话当真。

后果： 外向者仙人掌可能给他人留下不靠谱的印象。

谁最有可能因此被惹生气？

答案： 内向者雪花

为什么？ 内向者雪花总会考虑很多，在他们眼里，外向者仙人掌的处事风格相当不负责任。如果对方一直滔滔不绝，但没有一件事真正落到实处，内向者雪花会觉得对方是个不信守承诺的人。

建议： 明确哪些交流属于随意的日常对话，哪些交流是严肃的双方承诺。

D. 谁最有可能问这句话:"我们可以一起吗?"(说完就往你旁边一坐)

答案: 外向型雪花

为什么? "今天是陌生人,明天可能就是好朋友"——恐怕是外向型雪花的座右铭。

后果: 他人可能觉得自己的隐私受到了侵犯。

谁最有可能被这句话惹生气?

答案: 内向者雪花

为什么? 内向者雪花喜欢独处的时光。但他们不会拒绝"一起",主要是出于礼貌。

建议: 向同类取取经。内向者仙人掌遇到这种情况,会这样拒绝对方:"我现在想一个人待一会儿。"如果是雪花,估计还会再加一句话柔和一下局面,比如,"谢谢你的关心!"

新手上路

侵犯隐私

拉里是一个性格内向的仙人掌。他悄无声息地休了三个月的事假,没人知道他究竟出了什么事。这次团队开会,拉里突然来了,大家都很意外。

苏是拉里的同事,已经和拉里一起工作了几个月。虽然关系不是很亲密,但两人是志同道合的同事,看到拉里回来,她很高兴。

"哇,拉里!"她情不自禁地叫出声。"你回来了!好久不见!我们一直很担心你。你跑到哪里去了?"

她是好意。可是结果呢?

拉里很窘迫。他觉得苏这样做侵犯了他的隐私。性格内向的他感到自己受到了威胁,保护雷达立刻开始超速运转。"嗯,是的,我回来了。开始开会吧,还有很多事情要处理。"

苏是一个外向的雪花。她表现得这么热情,是因为如果自己长时间没来上班,她希望回来的时候受到热情的欢迎。她没有考虑过自己的反应会给里拉带来负担和不快。

作为一个外向的人,她会通过说话来思考,作为雪花,她会散发出情感。尽管如此,正如我们现在所知道的那样,内在偏好并不一定会决定行为。

如果能把一切推翻重来,苏怎么做会更好?

在一些有用的指导方针之中运用铂金法则将为苏的工作关系创造奇迹。让我们重新回到开头的情景,从拉里突然在会议上出现开始。

以下是土拨鼠之日的对话方式:

拉里:(朝同事们点头致意。)

苏:嗨,拉里。你来了!太好了。

拉里：是啊！我回来了。

会议开始。

苏的新聊天方式为何如此奏效？这基于神奇的"计划、呼吸、校准"体系。

工具间

计划，呼吸，校准

我们建议苏遵循三个简单的步骤。

计划 在拉里休假期间，事先考虑如何迎接他归来。

呼吸 在内心的反应表现出来之前稍做停顿，留下调整的余地。

校准 调整她的行事风格，以符合拉里的沟通模式。

你与视频会议

新冠疫情暴发以来，视频会议平台的使用暴增。视频会议平台 Zoom 在 2019 年 12 月的用户量是 1000 万，短短一年间跃升至 3 亿。与其深究其商业模式，倒不如感叹一下错失的投资良机，或反思一下疫情与我们的工作模式碰撞出了怎样的火花。现在，我们就来讨论一下视频会议和性格的关系。

总的来说，外向者明显比内向者更喜欢视频会议。群体连线的吸引力正吻合了外向者雪花的个性。

对于同一个事物，一个人兴致勃勃，另一个人可能兴味索然。每个人都有各自的需求和给自己"充电"的方式。如果人人意识到这一点并能尊重他人的需求，那么每个人都会受益。

有一个词叫"视频会议疲劳"，内向者雪花一定深有感触。视频会议要求一直保持"在线"状态，这耗费了内向者雪花大量的精力：他们不敢随意退出，担心伤害他人感情。内向者仙人掌就不一样了。他们累了就退出会议，不会感到丝毫歉意。

此外，内向者雪花向来在肢体语言方面很有天分，但这种优势在视频会议中显然已经贬值。隔着电脑屏幕，谁能完全弄明白对方发来的表情是什么意思呢？

在线交流

四种性格组合对于如何在线上和线下建立人际关系，有着不同的偏好。

内向者雪花→建立一对一关系

外向者雪花→建立组团关系

内向者仙人掌→两两结伴完成任务

外向者仙人掌→组团完成任务

应该怎么做？要更加尊重大家不同的需求。在安排电话和会议时提前询问大家的意向，尽量照顾到所有人。

酸甜苦辣

现在，我们来总结一下每种性格组合的行为特点和可能面对的挑战。

外向者雪花

多用言语表达自我，容易情绪化，在分享感受时体现得尤为明显。

喜欢在社交网络上自由发表感想。

虽然没有恶意，但有无意中说漏嘴的风险。

外向者仙人掌

自由表达观点，不太关心自己的话是否符合别人的价值。

这种无拘无束、我行我素的沟通方式可能会无意中引起隔阁。无意中的一句话可能会伤害他人，其实说来并没有恶意。

内向者雪花

一直趋于保守、执着于自己的思维方式。一旦深信不疑的信念遭到质疑便会情绪失控/崩溃/怀疑人生。

尽量避免集体聚会，如果是强制或非常有必要参加，记得给自己留一个提前离开的借口。

内向者仙人掌

对一小群朋友非常忠诚。强烈反对开会。学习动机很强，相比于社交更喜欢在阅读中汲取知识。懂得请求外界帮助来恰当地拒绝活动邀请。

一位内向者仙人掌很坦诚地告诉我："我是个内向者，感觉自己生来就适合宅在家里，避免社交。我很享受这样的生活！"

突击测验

工作中发邮件、发消息时可以措辞随意。对还是错?

答案:大错特错

来自工作或工作账户的消息可能会变成一团糟。有人说看似无害的活动会导致灾难,这并不夸张。某些性格组合在破坏原本平稳的职业轨迹方面的风险相对较高。

小心滑倒

工作消息

外向者雪花注意!发信息的时候要特别小心。工作中发电子邮件、短信的时候,一定要避免语言不专业。

注意 #1

与外向者相比,内向者对"专业"的要求通常更高。

注意 #2

电子邮件大多数是公开的,无意中不恰当的一句话可能会被当作工作不严肃。

我有一位同事,在单位中一直很受尊敬。可有次他开了个无恶意的玩笑,使对方觉得不舒服,结果被永久调职。

注意 #3

无论出于什么目的，切勿未经许可就转发电子邮件都不太合适。我见过有人因为这样做丢了饭碗。不要自己推测哪些电子邮件可以转发，哪些不能转发，只要记住不要转发就行了。学会这一招，你能省去很多麻烦。

共同点

呼！我们已经发现，外向者、内向者、仙人掌和雪花之间有很大差别。现在的我们会十分警惕，担心走错一步会带来风险。然而，不能忘记我们仍然有很多的共同点。

结交新朋友的时候，除非事先打听，通常我们对对方的性格一无所知。怎么办呢？

下面这四个指南适用于我们所有人：

- 保持专注
- 真诚待人
- 传递正能量
- 给对方力所能及的帮助

至少，整理好你的仪表，带上真诚的微笑。

雪花与仙人掌

提示清单

内向者仙人掌：热爱领悟

外向者仙人掌：热爱争辩

内向者雪花：热爱深究

外向者雪花：热爱社交

第9章

工作之外

走进日常生活

> 要知道,你的存在对身边的人是多么重要;要知道,某个意想不到的命运可能因为你而改变。你与他人每次沟通、每次联结中,变化悄悄发生了。你都造成了影响。你都带来了改变。你都留下了独一无二的印记。
>
> ——弗雷德·罗杰斯

也许你会问,在我们的职场生活之外,仙人掌和雪花的类型划分还可靠吗?当然了。

突击测验

情绪感染

问:为什么典型的仙人掌那么爱看悲剧,爱到一部都不落?

答：一位仙人掌解释道："看着人们如何克服困难，我觉得太满足了！"

业余生活

工作中，我们经常需要展现与真实的性格不同的一面。下班后，我们可以更自由、更轻松地做自己。然而，即使在工作之外，也应照顾到他人的感受。

我们的个人生活也充满了种种角色。有些人是主角，有些只是过客。在我们眼中，这些都是职场生活之外的人：伴侣、直系亲属、其他亲人、室友、朋友、熟人、邻居，还有我们各种社群里的朋友。

与一个人相处越久，越有可能产生摩擦。有句话说，我们总觉得不甚了解的人看上去最正常。一起生活时间长了，每个人的小怪癖会被放大，再加上性格有别，免不了产生一些矛盾。

工具间

相处的难题

我们可能会完全错误地理解他人的行为。如果你和性格多样的人住同一屋檐下,那你想必深有体会。请看下面这四个场面,你就明白是怎么回事了。

事件一

仙人掌突然起身去了另一个房间。这是什么情况?

雪花:这个仙人掌真是冷漠又无礼。

仙人掌:没什么情况。

事件二

仙人掌一边打电话一边进了屋,没和任何人打招呼,看都没看大家。这是什么情况?

雪花:仙人掌不喜欢我,他无视我。

仙人掌:我忙着打电话。

事件三

仙人掌在沙发上休息,雪花在他旁边坐了下来。这是什么情况?

雪花:抓住机会拉近一下关系。

仙人掌:本想一个人放松一下,现在没戏了。

事件四

雪花问仙人掌在想什么。仙人掌回答:"没想什么。"这是什么情况?

雪花：仙人掌不想让我知道他们在想什么。

仙人掌：我只是如实回答了你的问题。

亲身体验过就知道，这些情况可能会引起一些不快。可更糟的是，这种争辩是没有结果的。双方都在就一个行为说主观感受，没有办法证明或证伪。你的确是边打电话边进了房间，但是你有没有故意无视我？没人知道。因此，没法主持公道。

如何和谐共处？

首先，我们应假设自己并不总是对的。好吧，重来。从辩论的角度来说，我们就当你永远是对的。但争论赢过对方有意义吗？你是对的，所以呢？这就是你想要的结果吗？也许你只是想赢？或者……你有没有考虑过下面这些？

- 温馨的氛围
- 保持友善的熟人关系
- 向前走
- 放下
- 乐于助人
- 个人成长
- 更长远的东西

多练习这种思路，你可能会意识到，大可不必执着于"我是对的"。

雪花与仙人掌

新手上路

失控咖啡厅

雷吉，我的同事，和我分享了他和妻子乐托亚度假期间的一个小插曲。雷吉是典型的雪花，而乐托亚是百分百的仙人掌。疫情以来，他们已经好几个月没旅行了。眼下情况稍微乐观了一些，他们仔细考虑后决定来一次三天小假期。两人去了人口稀少的州立公园，公园很近，开车很快就到了。

两人事先就做好了攻略，要做什么，不要做什么，期待这会是一次完美旅行。上路之前，他们甚至仔细规划了旅途中怎么使用口罩和洗手液，怎么休息等等。乐托亚把这些全部详细写了下来。他们带了充足的露营装备和食物出发了。天气和预想中一样舒服，他们很兴奋。

一切都很顺利，直到旅途的最后几个小时。

营地里的劣质咖啡口感酸涩、掺水过多，他们已经喝够了。最后一天，雷吉和乐托亚看到路边有一家售卖本地爪哇咖啡的小店，于是他们立刻开进停车场，跳下了车。

直到下车，雷吉才发现周围的人挺多。虽然他们都戴着口罩，人均距离也有三米左右，雷吉说他还是"吓坏了"。他出了一身冷汗，开始冲乐托亚大叫："回车里！"

乐托亚完全没有像他这样。她十分平静，从驾驶座前的小抽屉里拿出出行计划书翻看——上面没提到这种情况不安全。能出什么问题呢？她循着咖啡店诱人的香味走去。

雷吉心里知道，乐托亚在严格遵循他们事先精心准备的那套理性又严谨的行为框架。准确来说，他也知道他们没有违反"规则"。可这些似乎不能让他的内心平静。他把自己关在车里，默默看着地平线。

安全回到家后，雷吉回想这件事，他承认乐托亚的做法是理性的，后来他还笑自己的反应。但在当时，他被一种说不清的感觉笼罩了，一下感到不知所措。而乐托亚则回顾了他们在旅行前共同做出的决议，讲明了道理，也结合事实情况做了解释，想让他放松下来。然而，雷吉没有。

很难说雷吉和乐托亚谁更有挫败感。但有一点很清楚，双方都没有说服对方换一个角度看问题。

冰原与沙漠完全是两个世界，雪花和仙人掌依循本性安居在截然不同的环境中。然而在实际生活中，两种性格却常常不分彼此、并肩生活。想想，做饭、整理房间，再到居家办公的远程会议，哪一个不是需要一起面对的呢？

我想，你目前至少有过一次参加线上活动的经历吧？高中同学、校友聚会也好，庆功会也罢，某天晚上宅在家里连麦打游戏也算。线上聚会越来越普遍，新的情况出现了。这在仙人掌眼里就是所谓的"恼人的突发事件！"

线上家庭聚会

你遇到了一些困惑,决定和家里人在线上开个视频讨论一下。现在你心里想必一团乱,我就不多问了。但我还是为你准备了一份指南,希望能有帮助。

邀请

请你:确认聚会信息无误。
请你不要:随意转发,可能会被系统误认为是垃圾信息。
请你不要:必须要求每一位家庭成员都在线。
请你:提前准备好演示文稿或活动安排,可以请人帮忙。

主持人

选定一位主持人。否则被一两个爱说话的人抢下话头,就和开闸的水龙头一样没完没了,完全偏离主题。建议你自己来主持,要不然就委派一位仙人掌。出于"战略"考虑,要稳住战局,如果你是一位雪花,可能尤其需要多几分"别来惹我"的底气。

开始之前

线上会议经常遇到一大堆技术故障。如果出现问题,要主动帮忙解决。最好提前排查,还可以请那些"线上反对派""线上恐惧症"提前 15 分钟进入会议室，调试好设备，以解后顾之忧。记住：我们聚会的目的是沟通、交流问题，而不是技术研讨。

同样的道理，如果有人迟到（不是如果，肯定有人迟到），你也不需要重复已经说过的内容。迟到是他们自己的事。俗话说得好："一不留神就落后"，责备也没有任何意义。迟到的人默默加入会议就好。

聚会安排

怎么开场比较好？可以先给每个人一到两分钟讲讲最近自己生活中难忘的事。时间长短根据在场的人数来掌控，记得手边放一个计时器。掌握时间也是仙人掌的长项。建议时间到响铃，让说话人最后做一句总结。这样别人就不会漫无边际地说个没完，抢了主角的风头。

接着来一些暖场游戏，让大家放松、互动起来。可以进行一些活动，比如：家庭内部冷知识竞猜、趣事分享、猜谜游戏或才艺表演。选取一两个环节在发活动邀请的时候提一下。有最新调查发现，可以在线进行的趣味游戏多得超乎想象。也可以简单准备几个轻松的小问题。

如果聚会没有这些内容，可能有人整场下来一句话也没说。

尽量避免只有少数人感兴趣的话题，比如不要揪着某个小问题不放，也不要总聊自己家的宠物和小孩儿。说好听点儿是无趣，说难听点儿就是没眼力见儿。拜托，请一定要切掉这首催眠曲。

雪花，别让情绪失控

深呼吸。不管有多想与家人重聚，在聚会上某些不经意的时刻，你会感到受伤。你我都知道，雪花太容易多想了。我不会说"过度敏感"这个词，因为这个词对我们来说本身就很敏感。说实在的，大多数情况下对方没有冒犯我们的意思。别想太多，转移一下你的注意力吧。

仙人掌，别太现实主义

做好准备。无论聚会整体多成功，总有些人在某些时刻刺到了你的神经。从统计的角度来说，一件事不太可能从头到尾一帆风顺。即使聚会按照原本的程序进行，也难免出些乱子，而你很清楚是谁的错。提前想几个策略让自己在游戏环节保持淡定。比如涂鸦？克制你自己，不要一张口就泼人冷水。也许你觉得很风趣，但对别人是一次打击。别去计较，转移你的注意力，玩几下飞镖也是个不错的选择。

总结

在聚会结束后广泛询问大家的意见，可以是人力、物力、财力支持，或组织下次活动的规划。在结束前简要提到这一点，这样就不会有人占用会议的时间发牢骚。具体细节可以私下讨论。记得按时结束会议，不要在最后东拉西扯，浪费大家的时间。用我祖父的话说："要开开心心地离开。"

收尾

聚会结束之后，不要无端连续发消息轰炸参会者，也不要老在群组中@所有人。小聚一次是好事，没完没了就会适得其反。所谓"业余活动"之所以美妙，难道不就在于出席不用强制打卡吗？仅仅因为有人邀请，就强迫自己参加后续活动是没有必要的。毕竟，自己的意愿和状态才是最重要的。

注意：一般情况下，这些技巧可以应用于所有类别的线上聚会。

新手上路

丰收配送

卡拉的邻居邀请她注册了一个社区买菜的订阅号，据说能享受农产品现采现摘，直接配送到家，方便又实惠。卡拉不知道这个号其实是她邻居的好朋友运营的，也不知道生意刚刚起步。

第一次商家配送迟到了几个小时，送来的蔬菜没有一样是

雪花与仙人掌

她订单里的,而且皱皱巴巴,她不但不想要,甚至都认不出来是什么。商家还"贴心"地送了一束花,已经蔫了,根和土都没有处理。卡拉把所有东西拿回家再仔细一看,发现里面还有很多虫。

仙人掌,你会怎么做?没错,照这种情况,你大概率会要求换货或者退款。你肯定会取消订阅,告诉商家你的不满。你既不会觉得抱歉(为什么要抱歉?)也不会感到内疚。只是感觉稍微有点麻烦,没大事。

在卡拉考虑怎么处理的时候,收到服务评价的提醒。这段不愉快的经历让她没法做到违心地给予好评,但也不太愿意做负面评价,担心会打击这个刚起步的行业。经过一番挣扎,她婉拒了评论邀约,最终回归了去街边摊位上买菜的习惯。

她的做法有没有一点像雪花?如果你是卡拉,你会怎么做?

突击测验

你有多"雪花"?

我们来好好分析一下。如果收到货的人是你,你会怎么做?从下面的选项中选择,可以多选,每项1分。

你可能会怎么做？

_____	对商家印象变差
_____	当着商家的面把不满写在了脸上,现在想想有些后悔
_____	不知道该怎么处理好
_____	考虑再给商家一次机会
_____	怀疑自己下单的时候没写清楚
_____	问自己,我是不是期待太高?毕竟商家也没什么经验
_____	不去责备商家,但找个理由不再订购

5-7分 你是一个典型的雪花

2-4分 你是一个中等雪花,也可能你展现了"多面"风格

0-1分 你在雪花和仙人掌中间,或者你也在展现"多面"风格

这个测验不是为了探究哪种处理方式更好,而是要你了解自己。你对自己内心的想法和期待越是了解,你的选择就越多。

记得常常提醒自己,你无权插手他人的选择。

幸运儿!记住,其他人同样无权决定你的生活。

新手上路

朋友的聚会

塔玛拉是自己一小群好朋友里唯一一个雪花,也是最内向的一个。她不怎么在群里发消息,也不太参加线上聚会。假期快到了,她提出或许可以来一次视频通话。她想着,也许可以安排在下周,或者下下周?没想到,其他人却说,他们已经定好了一次,就在当天晚上,塔玛拉可以一起参加呀!

塔玛拉心里有种刺痛的感觉。她很伤心,觉得原来朋友们在制定计划的时候都没有考虑到自己。她这样告诉自己:"可能一直都是这样的。他们压根不想带我玩。"自我怀疑的心绪就像摆满了书的架子,一下全部坍塌了。

塔玛拉还是决定加入了,朋友们特地为她重新安排了一个时间。虽然塔玛拉心里百味杂陈,但线上聚会很顺利。朋友和她解释说,他们是想尊重她的习惯,知道这种聚会她通常不太有兴趣。塔玛拉这才想起来,他们之前已经几次邀请过自己,但她都是直接拒绝了。她懊恼极了。

塔玛拉的故事里有两个要点。

第一:塔玛拉的仙人掌朋友十分坦诚。他们直接告诉塔玛拉已经安排好了一场聚会,没有藏着掖着,也没有故意疏远她。他们压根没想着瞒她,这恰恰就是他们友谊的证明。

第二：塔玛拉也曾想过，如果自己在朋友们的位置上会怎么做。她觉得自己很可能会说一个善意的谎言来保持和睦。后来她意识到，以友善的名义掩饰是不忠诚的。

在上面这个场景中，塔玛拉有好几种选择。我们又回到了老问题上：谁能做出更好的决定？雪花还是仙人掌？事实是，双方在这个问题上都没胆量自夸。为此仙人掌总觉得不服气……双方私下里仍然吵得不可开交呢。

关于这个问题，关键不在于决定的质量如何，而在于双方做决定的方法。雪花依据的是感受、直觉、体察和情绪，仙人掌则靠数据、认知、逻辑和事实。问题是，跟随自己本性做出的选择往往更加明智；采取对方的模式则更有可能后悔。常常有雪花告诉我，几乎每次用理性决定人生大事的时候她们都会后悔。

新手上路

优先事项

社区业主委员会的成员通常都是仙人掌。会员们常常需要处理分歧，缓解利益冲突，就优先事项作出表决。这些业务显然更适合性格硬派的人。

下面是一个别墅区业主委员会的故事。

夏天快来了，社区里的大明星——泳池也即将开放。像往常一样，首个开放日定在阵亡将士纪念日*。然而，今年委员会一连遇到了好几个特殊情况——负责泳池维护的承包商响应太慢，新换的救生员公司也还在磨合，对于假期没有计划周全，开工整体推迟了。可想而知，泳池没有赶上预定日期开放。

业主委员会收到了一连串社区居民的投诉和咨询。居民的问题他们回答不了，因此没有回复，直到六月中旬，游泳池的大门仍然紧闭。这时候，委员会工作人员开始专注于给委员会的网站更新升级——更新网站无疑更简单，但居民更重要、更紧迫的需求（游泳池的开放）就这样被忽视了。

这个委员会大多数成员都是退休之后来做志愿服务的，他们很敬业，很关心社区福祉，但他们忘记了最重要的一点。游泳池最吸引哪一群人？是业主中那些年轻的父母。出于生活压力，他们没有时间和精力去运动，所以很多年轻父母住这里主要是受小区中泳池的吸引。

然而今年，泳池没人来管理，也没有任何消息。六月下旬，一个阳光明媚、最适合游泳的日子里，居民们收到一封邮件，委员会自豪地宣布："我们隆重推出了……的最新版业主委

---

* 美国假日，通常为五月的最后一个星期一。

员会网站!"

委员会这则公告并未收到预期的好评。相反,居民们不满极了:"你们花这么多时间精力就在搞这个?谁在乎网站,我们要泳池!"

有没有好消息?有。至少委员会从中吸取了教训。委员会建立了新的管理制度,泳池也终于恢复了开放。

吸取教训

组建性格结合体

应对情况时,雪花和仙人掌的组合几乎比每种单个类型的组合都更高效。在上面的场景中,如果能将条理性与灵敏度结合起来,想必能让委员会更加合理地处理情况。说"几乎",只是因为我还没来得及对世界上所有性格组合作深入调研。(毕竟,我得按时交稿嘛。)

了解什么是重要的

停止你的自我幻想,亲身了解什么是对他人最重要的。人以群分,我们总和自己想法类似的人结伴。因此,如果你的周围都是雪花，请想办法去隔壁仙人掌的花园里看看风景吧。

找到一扇通向外界的窗，了解隔壁的雪花/仙人掌更在意什么。这样，你在工作中会更加包容。记得，多做些调研。

交流

你不必知道所有的答案。多倾听他人的忧虑，给他人一个回应。面对雪花，表达同情很有效果；而想调动一个仙人掌，你得了解一个决定的底层逻辑。

困难缓冲带

记得为潜在的困难预留缓冲带。毕竟，人一旦乱了阵脚，可能会丢下武器就跑。

理清优先级

委员会更新网站是很重要，但不是最重要的。

了解实际情况。如果不确定什么事先做，什么事后做，请问问你自己：我是不是在需要维护泳池的时候跑去更新网站了？

提示清单

◆ 信任他人

◆ 保持客观。谨记当下什么事是最重要的

◆ 为工作之外的生活建立坚实的基础

第 10 章

总　结

> 不要将就；不要滥竽充数；不要刻意追求理性；不要让灵魂跟随潮流。
> 总之，活出最热烈、最真实的你。
>
> ——弗兰兹·卡夫卡

突击测验

哲学思想

下面是两位哲学家和他们的准则。做后面题目的时候记得把答案遮住，忍住别看也行。

1. 马丁·布伯

努力建立好的人际关系（作品《我与你》中的核心思想）。

生命的意义就在于建立有意义的人际关系；努力让每一段际遇变得更有价值。

第 10 章 总结

2. 路德维希·维特根斯坦

前提：生命的意义在于智识的辩论，而分歧大多源自语言。人际互动发生在社会建构之中。

根据以上短短几句话，请你判断：

谁可能是仙人掌？_____

谁可能是雪花？_____

布伯 = 雪花

维特根斯坦 = 仙人掌

如果你答对了，请举手。

我就知道，你答对了！

德沃拉的小建议

下面为你带来应对挑战的指南：

- 对困难的感知是你发挥最大潜力的关键
- 享受生活。欣然接受自己和他人的一些小怪癖
- 练习这本书中我们提到的方法

接着……

- 少些评判，多些好奇心和同理心
- 给他人应得的关注。倾听、观察、学习、适应

然后……

认识、了解性格位于坐标轴两端的人。去做，你不会后悔的。

工作单

性格识别

读到这里，你也是个专家了，想必已经明白仙人掌和雪花无处不在。刚刚的哲学思想只是给你热热身。你是不是想找点不花钱的爱好？请看下面的例子。无论如何，我希望你能多一种生活技能——我称之为"性格识别"。

试一试

下面这些话都来源于真实生活。它们分别出自哪种性格的人？

1. "别人请我帮忙的时候我从来不拒绝，因为我是个好人。"
2. "为什么你不按最理性的判断做决定？"
3. "你不应该说'我这么说是为你好'……这话说了也没用。"
4. 最好不要太脆弱，尽量无视那些莫名其妙的事。
5. 生活就是为了体验。这就是我们存在的意义。
6. 事实就是如此。

对比判断

7. 沟通最主要的目的是拉近人与人的联系。

8. 沟通最主要的目的是交换信息。

9. 得出结论是最重要的。

10. 得出精准的结论是最重要的。

11. 合作是种策略。

12. 合作是种艺术。

情景模拟

如果你家的合约维修工突然决定不干了，你的反应会是：

13. 真糟心。可给我找了个大麻烦。

14. 真难受。我觉得他人挺好的呢。

新冠疫情期间，遇到不戴口罩的人你会怎么劝说：

15. 你这样会给他人带来很大不便。

16. 你违法了。

17. 谁的搬家公司会在卡车上贴这样的标语："用心承载"

答案：

1. 雪花 2. 仙人掌 3. 雪花 4. 仙人掌 5. 雪花 6. 仙人掌 7. 雪花 8. 仙人掌 9. 雪花 10. 仙人掌 11. 仙人掌 12. 雪花

13. 仙人掌 14. 雪花 15. 雪花 16. 仙人掌 17. 雪花

自由问答

大家好，很高兴与你们见面。现在由我来一一回答大家的问题，澄清一些观念。哎呀，忘了我是在写书。没问题，朋友。我已经汇总了一个清单，列出了相关主题下最常见的一些问题。

常见问题

1. 难道不是所有人都会思考、感受吗？怎么能据此认定一个人是仙人掌还是雪花？

没错，你的观察很敏锐。的确，我们都在思考和感受！但每个人对这两种行为维度的习惯性和认同度有高低。有人偏好程度很极端，也有人近乎五五开。大多数人在某一个维度上偏好程度更高。为了便于解释，我们划分了两个典型群体，内部典型程度有高低之分。

2. 如果我感觉自己"仙人掌＆雪花性格测试"（见第1章）的结果不准怎么办？我确信自己的典型性格和测试结果不同。

有可能，的确存在测试结果和自我认知之间不匹配的情况。尤其如果你测试时依据的是后天习得的行为而不是性格天性，那有很大概率是不匹配的。例如，你可能是一个非常敏感的人，但已经学会了在工作中展现出坚强的一面。如果你觉得第一次的测试结果不准，请再做一次。

要根据"原本"的自己，而非在不同场景下"展现"的自己。切记。

3. 性格是后天习得的还是先天的？

性格的基本偏好是与生俱来的。也就是说，你的性格是你本质的一部分。但这对你并不是一种限制。你可以调整自己性格偏好的程度，也可以尝试培养你所看重的能力。有很多人通过后天养成，能够很熟练地驾驭自己本质对立的性格，一般人甚至完全看不出来，当然这种表现并非天然。

记住：养成新的行为习惯与你的性格本质无关。

4. 人会从性格坐标的一端转向另一端吗？

有时会，这要看情况。如果你是轻度偏好，那么时不时跨越中间点也很正常。然而，大多数人的性格还是比较稳定的。如果测试显示你是强偏好，不太可能下次跑到完全相反的另一端。

有一点要说明白：回答问题3的时候已经提到，我们可以学习行为以适应环境，但这不会改变我们的本质。

5. 什么是"多面风格",为什么这很重要?

"多面"意味着调整自己,适应他人。不要指望他人会配合你"互相适应",你会失望的。大多数人都没有好好学会站在他人角度想问题,我们得靠自己。

灵活展现多面的性格是非常有必要的,因为雪花和仙人掌行为的驱动力有着本质差别。现在练就一双识别性格的慧眼,未来就能享受融洽的人际关系、高效的工作、幸福的生活。就这么简单。

6. 雪花/仙人掌性格的基础是什么?有多普遍?

本书介绍的性格维度来源于荣格的心理类型理论和四种心理功能。"雪花和仙人掌"这个大前提背后的概念是荣格四种心理功能中的"思维(Thinker)—情感(Feeler)"维度。

我们生活的地球上遍布着以思维或情感主导的人。这两种性格天性在不同文化中展现不同,主要是因为不同文化有着不同的社会规范。

随身带一个双筒望远镜吧,你会发现,雪花和仙人掌就在我们的生活中,每时每刻。无处不在。

从最重要的开始

我们的书即将接近尾声,现在的难题是:从哪里开始?我刚刚在你的脑子塞了这么多内容,你可能想好好梳理一下。

这段旅途,就陪你到这里。接下来,就要靠你自己去探索了。知道这么多技巧、工具,建议之后,该怎么做呢?

如果你还是想问我,我建议从最重要的开始,选择你阅读过程中最有感触的那一两个点。当然,接受新观点并非易事。和你分享一句我经常引用的话吧。这句话出自作家亨利·米勒,字里行间蕴含着永恒的力量:

> "不要焦虑,先把手头的事做好。
> 静下心来,全神贯注,自然乐在其中。"

我相信你。

尘埃落定

下面的话,悄悄记在心里就好。

我们总能从彼此身上学到太多。我们都有自己的脾性、偏好和小怪癖。时而,我们也会表现得完全不像自己。

没有人能做到尽善尽美。

如果感到困惑……那就多沟通、多交流。

最后……

接受自己

不要小看这四个字的重量。请坐，我为你泡了一杯茶，慢慢品味吧。

讨论提纲
讨论 & 反思提纲

我们在下面列了一个提纲，来引导你进一步梳理本书中的关键词。无论是小组讨论、读书会、个人反思还是写日记，这份提纲都能派上用场。

我们也鼓励你多多参与书中的互动模块，包括突击测验、工作单、工具间等等，当然还包括开头的性格评估。

你认为作者为什么将"思考者"和"感觉型"这两个性格术语换成了"仙人掌"和"雪花"？对你有什么影响？

你认为（或感觉）你的"仙人掌＆雪花"性格测试结果如何？

书中的"新手上路"模块描述了很多真实的生活场景。回想一下，你自己的生活中有没有类似"新手上路"的实例能说明性格对人际交往的影响？

整本书中，我们都在呼吁大家拒绝"刻板印象"。读完书，你是否觉得自己成功打破了一些刻板印象？

"小心滑倒"里针对两种性格分别举了例子。你和跟自己性格不同的人交流时都遇到过什么障碍？你是怎么克服的？

"两步"分析法效果怎么样？（提示：观察与提问）

回想你与他人共同经历，感受却完全不同的一件事。现在的你会不会把这件事归为典型的"零事件"？这个概念对你未来的人际交往有什么启发？

本书强调，你能直接掌控的只有三件事：你的思维、语言和行动。想一想，"（这事儿）与你无关"这句话与此有什么联系？

讨论提纲

我们常常把"管好你自己!"看作一种责备,其实很大程度是因为语气。文中,作者如何重新解读了这个概念,来帮助读者从自己无法掌控的事情中解脱出来?

你有没有在书中的互动环节中创造了属于自己的曼塔罗?它有没有改变你的自我对话和行为方式?

你是否曾经把"豆子黏上别人的鼻子"?如果说话前事先过一遍脑子,结果又会怎么样?

今后如果你注意到别人可能"翻车"了,不要评判,多表达理解,尝试用书中的方法给他人一些支持。

上次出了什么事让你第一反应很强烈?有没有跟着探索一下自己的元状态?这与"重组"相关吗?

我们情绪失控的原因很复杂。这本书选择性地展现了内向者、外向者与雪花、仙人掌不同的组合结果。你相信自己是一个内向/外向者吗?这和你对于自己雪花和仙人掌的自我认知有没有联系?

这本书里,你印象最深刻的一两节内容或观点是什么?你是如何将它们付诸行动的?

———————————————————————————

生活中,你有没有遇到与你性格完全相反的人?与他们交往你学到了什么?怎样才能更好地维持你们之间的关系?

———————————————————————————

附　录

附录 1　思考者 – 感觉者面面观

改编自美国迈尔斯 – 布里格斯（MBTI）性格测试手册全球版附录（美国心理学家出版社，2018 年）

思考者	感觉者
逻辑	共鸣
理论	同情
质疑	随和
思辨	包容
坚忍	温柔

附录 2　回归本源

真正的雪花和仙人掌是什么样子？听听它们迷人的故事。

真实的雪花

无论大小，所有雪花的形状都是复杂的六面分形体。六面分形体是几何学的一个分支，我们用这个概念来解释雪花的形状。

雪花的样子取决于形成时的湿度和温度。气温在约 -22 到 -10 摄氏度之间时会形成枝晶。

- 雪花不是完美对称的
- 雪花下落的速度是每小时 3.16 千米
- 每片雪花含有 1800 亿到 10 万亿个水分子
- 雪花的六种基本形态：扁平、柱状、星状、枝晶、花边、针状和封顶柱

真实的仙人掌

仙人掌属于仙人掌科。它们茎内含有大量水分，枝上密生鳞片或刺。仙人掌几乎没有叶子，通常生长在沙漠等干旱气候中。

仙人掌外表坚硬，坚韧耐旱，能在干旱的条件下存活。因为生命力顽强，它们得以适应各种生存环境。

- 萨布拉斯仙人掌（仙人果），也称刺梨，以柔软的果肉和坚硬多刺的外表闻名

- 仙人掌科之下共有127个属
- 有些仙人掌在没有水的情况下能存活两年
- 巨人柱仙人掌因其粗壮的"手臂"出名,是美洲索诺兰沙漠的标志
- 墨西哥武伦柱是世界上最大的仙人掌,可以活三百年

致　谢

> 幸福就是相亲相爱。这么简单，却又那么难。
>
> ——米歇尔·留尼格

世界上无数雪花和仙人掌给了我创作的灵感。你一定知道哪一部分在说你的故事。"思考"和"感受"在这本书中得到了平等的尊重，也愿这本书能给你们的精神带去鼓舞。感谢你们。

我的三位审稿人克洛伊·利佐特、克洛艾·帕克和坎迪斯·辛克莱堪称模范，责编克里斯蒂·海恩严谨认真、一丝不苟，还有一直追求卓越的第十七街工作室、敬业的编辑杰凡和尼尔，我向你们每一位予以感谢。尤其是杰凡，当年那场会议上我得到了他的赏识，才有了今天的成绩。此外，还有贝尔特科勒绝佳的出版团队，我们可以说已经成为一家人了。

我最温馨的四口之家和我们家的两只鹦鹉，因为你们的耐心、鼓励、支持、热情、爱心、幽默和喝彩，这本书才得以完成。感谢有你们。

关于德沃拉

> 我脑海中有很多文字，可能没有人会读到它们。但为了把这些想法赶出我的脑子，我必须写。
>
> ——雷·布莱伯利

德沃拉是一名畅销书作家、全球主题演讲者、领袖顾问和职场导师。她创作的《内向者的沟通术》《一心专用工作法》和《菜鸟管理层如何轻松逆袭》已被翻译成45种语言在全球发行。作品位列福布斯2019年最佳电子书、心理自助类书籍前五名、2015年商业管理类书籍前五名和《华盛顿邮报》的十大非小说类书籍。

关于德沃拉

德沃拉喜欢写作,但不喜欢截稿日。每每此时她就会坐在电脑前望着窗外的风景发呆,时不时敲击一下键盘,这时候,写作远没有她想象中那么浪漫。但不知为何她总是忘记这个深刻的教训,我们也很想有人能给她好好上一课。虽说如此,读者们反倒是因"祸"得"福"了。

德沃拉持有宾夕法尼亚大学(BA)和康奈尔大学(MBA)学位。她是斐陶斐荣誉学会(Phi Beta Kappa)和门萨俱乐部(Mensa)的会员,拥有心理咨询师的从业证书,精通神经语言与MBTI性格类型测试。她时常怀疑他人并不是真的那么相信自己,希望列出这些证书能对缓解她的怀疑有帮助。

德沃拉爱好划独木舟、烹饪和享用美食。她说话生动夸张,还很爱出汗。

这就是我们的作者德沃拉。时而莽撞,但值得信赖。